Parlez à l' Hôtel!

An easy guide to learning French...
Adapted for the Indian learner...!
...Useful to Hotel & Tourism Management Students

Part – II

A. TALUKDAR
B.A., PGDHM (Oberoi Hotels)
Diploma in the French Language (Alliance française de. Delhi)

AMAN PUBLICATIONS
NEW DELHI

Published by
Rajiv Jain for Aman Publications
LG-4A, Ganpati Bhawan,
4675-B/21, Ansari Road,
Darya Ganj, Delhi - 110 002
Ph: 23255012, 23282127
E-mail: sshjbs@yahoo.com, jbsbks@gmail.com

First Print - 2010

ISBN--978-81-8204-047-2
81-8204-047-7

SOLE DISTRIBUTOR
JINDAL BOOK SERVICES
LG-4A, Ganpati Bhawan,
4675-B/21, Ansari Road,
Darya Ganj, Delhi - 110 002

Jacket Designed by:
S.M. Graphics

Printed by:
Adishree Printers, Delhi

PREFACE

Most languages borrow words from other languages. That's what is so interesting about any language. For example Latin, the 'Mother Language' from which French has emerged, has so many words frequently used by us in the English language; notably, some of them are: **Nota Bene** which we use most often in the abbreviations……

'N.B'; it means **'note well'**. **Bona Fide** ,a Latin word means literally **'in good faith'**, but is used in English as an adjective with the meaning of **'genuine'** or **'without fraud'**.

In diplomatic circles, **Persona Non Grata** literally means a **'person without favour'**, or an unacceptable person (for example in another country.) **Terra Firma** is Latin for **'solid ground'**, and so on. That was Latin. Now here are some examples of words we use in English which are borrowed from French!

CHIC means **'smart & stylish'**; **À LA MODE** means **'fashionable'**; a **RÉSUMÉ** means **'a summary'** or a 'recapitulation', and **CACHE** is a hole in the ground or place for storing ammunition and supplies(from the French verb 'cacher'- to hide). Words of foreign origin are often used because the sense they make can not be expressed by English words. A good example is **'LAISSEZ FAIRE'** which means 'let-alone', often used to describe an economic system free of governmental interference. As if to say…. 'having a *laissez faire* attitude'. And how often do we use the abbreviations **'R.S.V.P'** in our invitations ? Very often, I would say! In fact in all our invitations perhaps? That's not English.

It stands for **"répondez s'il vous plaît"**, which translates into English as "please answer".

The French Language is the Romance language of France belonging to the Italic sub-family of Indo-European languages. Old French has two specially important dialects, one spoken North of the 'Loire', and one spoken due south of it. Modern French is derived from the former, with the central French dialect of Paris as the standard.

Spoken throughout the world, the language has grown in popularity as a means of communication both as a 'hobby' as well as 'a need'.

I wish the reader many hours of happy learning; ***bonne chance***!

ANIL TALUKDAR

CONTENTS

Leçon - 1

ADJECTIFS IRREGULIERS. POSITION DES ADJECTIFS

(Irregular adjectives. Position of the adjectives in sentences)

Le dimanche

(The Sunday)

The passage below is aimed to help in positioning irregular adjectives , and to introduce the reader to new words.

Lisez et comprenez : Puis, répondez aux questions:

(Read and understand the passage below; then answer the questions)

Ajourd'hui c'est le premier dimanche de janvier. Nous allons à l'église avec notre vieux grand-père. Tout le monde admire sa barbe blanche et ses cheveux blancs.

Je porte un beau chapeau. Ma sœur Hélène porte une belle robe. Nous entrons dans l'église et nous chantons. Puis, nous rentrons à la maison et nous avons un bon dîner avec les côtelettes de veau ,pommes noisettes et de salade de concombre. Après le dîner je regarde toutes les images amusantes dans le journal.

Tous les journaux en ont beaucoup. Ma sœur cherche un

roman interéssant dans la bibliothèque. Ma chère grand-mère est assise près de la cheminée, où il y a un bon feu. Elle est très vieille, mais elle est si bonne et si douce!

Le petit chat blanc est heureux parce qu'il est près du feu.

Mon père et ma mère rentrent d'une visite à leurs voisins. Toute la famille est heureuse. Tout le monde aime le dimanche. Mais j n'aime pas le dimanche soir parce que j'étudie mes leçons. Elles sont très longues et difficile!

Vocabulaire **: (Vocabulary):**

Admirer	to admire
Chercher	to look for, seek
Porter	to wear, carry
Rentrer	to return
Etudier	to study
La bibliothèque	library, book-case
Le chapeau	hat
La cheminée	fire-place
Les cheveux(m)	hair
Le concombre	cucumber
Le dîner	dinner
Le feu	fire
La robe	dress
Le roman	novel
Beau (m) Belle (f)	beautiful, fine, handsome
Blanc(m) Blanche(f)	white
Bon(m) Bonne (f)	good
Heureux(m) Heureuse(f)	happy
Long (m) Longue(f)	long

Premier (m) Première(f)	first
Tout (e)	all, whole, every
Les côtelettes de veau	veal chops
Vieux(m) Vieille (f)	old
Nous allons à l'église	we go to church
Les images amusantes	comic (amusing) pictures
Tout le monde	everybody (all the people)

Les questions **: (questions)** ***Répondez*** **: (Answer them):**

1. Quel jour est-ce aujourd'hui?
2. Quel robe porte Hélène?
3. Où vont Hélène et son frère?
4. Avec qui vont-ils à l'église?
5. Qu'est que tout le monde admire?
6. Où rentrent-ils?
7. Que mangent-ils?
8. Qu'est-ce qu'il y a dans tous les journeaux américains?
9. Qu'est qu'Hélène cherche dans la bibliothèque?
10. Où est assise, la grand-mère?
11. Qu'est qu'il y a dans la cheminée?
12. Qu'est-ce que tout le monde aime?

GROUP II & GROUP III Verbs

We have perhaps done enough work with the present tense of Group I verbs* and now should seriously progress to work on the 'IR' and 'RE' ending verbs from the IInd and IIIrd groups respectively.

---

*see Parlez à l'hôtel by the same author (for beginners)

Common – *ir-ending* verbs : And their usage in sentences:

1. *Voir* : To see.

***Le présent indicative* : The present indicative tense:**

Je vois	*I see, I am seeing ,I do see*
Tu vois	*You see ,you are seeing, you do see*
Il voit	*He /it sees, he/it is seeing, he/it does see.*
Elle voit	*She/it sees, she/it is seeing, she/it does see.*
Nous voyons	*We see, we are seeing, we do see.*
Vous voyez	*You see, you are seeing, you do see.*
Ils voient	*They(m) see, they are seeing, they do see.*
Elles voient	*They(f) see, they are seeing, they do see.*

***Imperative*: Voyons! (*See*!)**

***Les phrases* (Sentences):**

(*a*)	Je ne vois pas	*I do not see.*
(*b*)	Il voit tout.	*He see's everything.*
(*c*)	L'avez-vous jamais vu(e)?	*Have you ever seen him(her)?*
(*d*)	Je viens de la voir.	*I've just seen her.*
(*e*)	Je vois ce que vous voulez dire.	*I see what you mean.*
(*f*)	Qui est-ce que vous voyez?	*Whom do you see?* (*or* qui voyez-vous?)

2. *Savoir* : To know.

Je sais	*I know, I am knowing, I do know.*
Tu sais	*You know, etc.*
Il sait	*He/it knows, etc.*

Elle sait	*She/it knows, etc.*
Nous savons	*We know ,etc.*
Vous savez	*You know, etc.*
Ils savent	*They(m) know, etc.*
Elles savent	*They(f) know, etc.*

Les phrases **(Sentences):**

(*a*) Je le sais. — *I know it.*

(*b*) Je ne sais pas — *I don't know.*

(*c*) Je le sais bien. — *I know it very well.*

(*d*) Il ne sait rien. — *He does'nt know anything.*

(*e*) Je sais qu'il est ici. — *I know that he is here.*

(*f*) Savez-vous ça? — *Do you know that?*

(*g*) Savez-vous où il est? — *Do you know where he(it) is?*

(*h*) Qui sait? — *Who knows?*

3. Tenir : To hold.

Je tiens	*I hold, I am holding, I do hold.*
Tu tiens	*You hold, etc.*
Il tient	*He/it holds, etc.*
Elle tient	*She/it holds, etc.*
Nous tenons	*We hold etc.*
Vous tenez	*You hold etc.*
Ils tiennent	*They(m) hold etc.*
Elles tiennent	*They(f) hold ,etc.*

Les phrases **(Sentences):**

(*a*) Tenez-moi ça un instant. — *Hold this for me a minute.*

(*b*)	Il tient son chapeau à sa main.	*He is holding his hat in his hand.*
(*c*)	Tenez bon!	*Hold firm!*
(*d*)	Il faut tenir	*We must hold on.*
(*e*)	Tenez-vous tranquille!	*Keep quiet! Keep still.*
(*f*)	Tenez, voilà votre argent.	*Look(take), there's your money.*
(*g*)	Tiens! Voilà pour toi.	*Look(take), there is something for you.*
(*h*)	Tenez votre droite.	*Keep to your right.*

4. *Pouvoir* : To be able.

Je peux	*I am able .*
Tu peux	*You are able.*
Il peut	*He/it is able.*
Elle peut	*She/it is able.*
Nous pouvons	*We are able.*
Vous pouvez	*You are able.*
Ils peuvent	*They(m) are able.*
Elles peuvent	*They(f) are able.*

Les phrases **(Sentences):**

(*a*)	Je ne peux pas.	*I can not.*
(*b*)	Pouvez-vous me dire...?	*Can you tell me...?*
(*c*)	Pouvez-vous venir?	*Can you come?*
(*d*)	Je ne peux pas répondre à la question.	*I can not answer the question.*
(*e*)	Pouvez-vous m'aider?	*Can you help me?*

5. *Vouloir* : To be willing, to want, to wish.

Je veux	*I want, I am wanting, I do want*
Tu veux	*You want, you are wanting, you do want*
Il veut	*He/it wants, he/it is wanting, he/it does want*
Elle veut	*She/it wants, she/it is wanting, she/it does want*
Nous voulons	*We want, we are wanting, we do want*
Vous voulez	*You want, you are wanting, you do want.*
Ils veulent	*They(m) want, they are wanting, they do want*
Elles veulent	*They(f) want, they are wanting, they do want*

Les phrases **(Sentences):**

(*a*)	Je ne veux pas	I don't (do not) want to..
(*b*)	Si vous voulez...	If you want to(wish to)...
(*c*)	Voulez-vous queleque-chose?	Do you want something?
(*d*)	Je veux manger des oranges.	I want to eat some oranges.
(*e*)	Nous voulons une chambre avec trois lits.	We want a room with three beds.

***Common – re-ending Verbs,* Present Indicative tense: Usage in sentences:**

1. *Comprendre* : To understand

Je comprends	*I understand, I am understanding, I do understand.*
Tu comprends	*You understand, etc.*
Il comprend	*He/it understands, etc.*
Elle comprend	*She/it understands, etc.*
Nous comprenons	*We understand, etc.*
Vous comprenez	*You understand, etc.*
Ils comprennent	*They(m) understand etc.*
Elles comprennent	*They (f) understand, etc.*

***Les phrases* (Sentences):**

(*a*)	Il ne comprend pas	*He does not understand.*
(*b*)	Je comprends très bien.	*I understand very well.*
(*c*)	Je ne vous comprends pas.	*I do not understand you.*
(*d*)	Vous ne me comprenez pas?	*You do not understand me? (Don't you understand me?)*
(*e*)	Comprenez-vous?	*Do you understand?*
(*f*)	Comprenez-vous le français?	*Do you understand French?*
(*g*)	Je n'ai pas compris.	*I have not understood/ I did'nt understand.*
(*h*)	Avez-vous compris?	*Did you understand? (have you understood?)*
(*i*)	Compris?	*Understand? Did you understand?*

2. ***Mettre*** **: To put or To place:**

Je mets	*I put, I am putting, I did put.*
Tu mets	*You put ,etc.*
Il met	*He/ it puts, etc.*
Elle met	*She/ it puts, etc.*
Nous mettons	*We put, etc.*
Vous mettez	*You put, etc.*
Ils mettent	*They (m) put, etc.*
Elles mettent	*They (m) put, etc.*

Les phrases **(Sentences):**

(*a*)	Mettez- le là.	*Put it there.*
(*b*)	Où avez-vous mis?	*Where did you put it?*
(*c*)	Elle a mis la table.	*She has set the table.*
(*d*)	Mis en place.	*Put in place.*

Arthur écrit une lettre
(Arthur writes a letter)

This lesson is a revision of nouns in the **general** sense as well as the **partitive** sense*. It also demonstrates the writing of a letter.

Lisez et comprenez; puis, répondez aux questions:

(Read & understand : then answer the questions ; vocabulary index is at the end of lesson)

Arthur est assis dans sa chambre devant une petite table. Sur la table il y a du papier et des envelopes. Il y a aussi une plume et de l'encre. Arthur écrit une lettre à son oncle qui demure à Paris. Voici la lettre d'Arthur.

Mon cher oncle,

Je ne suis pas à l'école aujourd'hui parce que c'est samedi. Mais les autre jours de la semaine, je vais à l'école.Nous étudions l'histoire, la géographie, les mathématiques,l'anglais et le français.J'aime bien les langues,mais je n'aime pas les mathématiques. L'histoire est aussi très intéressante.

Notre professeur parle souvent de la France à ses élèves.Dans notre livre d'histoire il y a des images qui montrent la tour Eiffel et la cathédrale Notre- Dame.

Est-ce que les petits garçons en France étudient l'anglais à l'école?Est-ce qu'ils étudient aussi l'histoire de l'Angleterre? Est-ce qu'ils aiment les Anglais? Ont-ils des écoles comme nos lycées?

Y a-t-il à Paris des cinémas et des théâtres comme en Angleterre?Comment allez-vous mon cher oncle ?Mes parents vont très bien; mais ma sœur est malade.

Votre neveu qui aime beaucoup son cher oncle,

ARTHUR

*P-S: Envoyez-moi, s'il vous plaît, de l'argent pour mes timbres, parce que les timbres sont très chers en Angleterre.

Vocabulaire **: (Vocabulary):**

Demeurer	To live, to reside, to stay
Montrer	To show
Les Anglais	English people
L'anglais	English language

** P-S:Post scriptum is the Latin word meaning 'after-what has been written'.*

L'argent(m)	Money
Une envelope	An envelope
Le français	French (language)
La géographie	Geography
L'histoire	History
La langue	Language
La lettre	Letter
Le lycée	Secondary school
L'école	School (écolier = schoolboy)
Les mathématiques(f)	Mathematics
Le neveu	Nephew
Le papier	Paper
Le timbre	Stamp
Comme	Like
Il écrit	He writes
Envoyez-moi	Send me
S'il vous plaît	If you please
Chers	Expensive

Questions **: (Questions):**

1. Qu'est-ce qu'il y a sur la table d'Arthur?
2. A qui Arthur écrit-il une lettre?
3. Quand va-t-il à l'école?
4. Qu'est-ce qu'il aime bien?
5. Est-ce que son professeur parle souvent de la France?
6. Est-ce que les timbres sont cheres en Angleterre?

Leçon - 2

PRONOUNS
(Les pronoms)

<u>Pronoms personnels conjoints</u>*:*<u>Complément direct et indirect.</u>
(Conjunctive Personal Pronouns) (Direct & Indirect objects)

***<u>Grammaire</u>*: (Grammar)**

***Pronoms personnels conjoints:* (Conjunctive personal pronouns):**

Complément direct **(Direct Object)**			***Complément indirect*** **(Indirect Object)**	
1.	me	(me)	me	(to me)
	te	(thee, you)	te	(to thee, to you)
	le	(him, it)		
	lui	(to him , to it)		
	la	(her, it)	lui	(to her, to it)
	nous	(us)	nous	(to us)
	vous	(you)	vous	(to you)
	les	(them)	leur	(to them)

Note: *These forms of the personal pronoun are called '<u>conjunctive</u>' because they are used as direct or indirect objects of verbs, <u>without</u> a preposition. Before vowels, me, te, le and la are shortened to **m', t'** and **l'**.*

2. ***Exemples*** **: (Examples)**

*Mon oncle **m'aime***	My uncle likes me
*Il **me** donne de l'argent*	He gives me money (He gives money to me)
*Je **le** regarde*	I am looking at him
*Je **lui** parle français*	I speak French to him
*Je **la** regarde*	I am looking at her
*Je **lui** donne un livre*	I give her a book (I give a book to her)
*Nous **les** aimons beaucoup*	We like them very much
*Nous **leur** donnons des livres*	We give them books

Note: *Observe that* **me, te, nous,** *and* **vous** *serve both as direct and as indirect objects of verbs, and that lui means both* **'to him'** *and* **'to her'**.

3.

***Les** aimez-vous?*	Do you like them?
*Ne **vous** aiment-ils pas?*	Do they not like you?
***Leur** parle-t-elle?*	Does she speak to them?
*Pourquoi ne **me** parlez-vous pas?*	Why do you not speak to me?

Conjunctive pronoun objects usually precede the verb and are not separated from it.

Le Facteur

(The Postman)

This lesson will give inputs of letter-writing the French way as well as enhance vocabulary introduced within. It will give an indication of how to frame a letter and how to end it. The passage below is full of direct & indirect objects of verbs.

Lisez et répondez aux questions:

(Read and answer the questions)

Le facteur apporte des lettres chez monsieur Chirac. Il les laisse dans la boîte qui est près de la porte. Il y a une lettre pour Arthur qui est de Londres.Il ouvre la lettre qui est la réponse de son oncle à sa lettre. Il lit la lettre :

Mon cher neveu,

Je **vous** remercie de votre charmante lettre. Je suis très content, parce que vous étudiez le français. Le français n'est pas une langue très facile, mais votre cousin Henri et votre cousine Hélène étudient l' anglais qui est très difficile.Ils **le** parlent un peu maintenent. Je **leur** parle souvent de vous et je **leur** montre vos letters. Ils **vous** aiment bien. Ils **me** demandent souvent:—'Comment va notre cousin Arthur? Nous **l'**aimons bien et nous désirons avoir sa photographie.'

Voici un peu d'argent pour votre timbres. L'argent est très rare en Londres. Les Anglais travaillent beaucoup mais ils n'ont pas beaucoup d'argent.

Votre oncle qui **vous** aime toujours bien,

Pierre Chirac

Vocabulaire : (Vocabulary):

Apporter	To bring
Demander	To ask (for)
Désirer	To wish, want
Laisser	To leave
Remercier	To thank(for)
Travailler	To work
La boîte	The box
Le facteur	The postman
La photographie	The photograph
La réponse	The reply
Difficile	Difficult
Facile	Easy
De	From
Pour	For
Près de	Near
Le neveu	The nephew

Questions : (Questions):

1. Qu'est ce que le facteur apporte chez monsieur Chirac?
2. Où laisse-t-il les lettres?
3. Y a-t-il une lettre pour Arthur?
4. De qui est la lettre?
5. Pourquoi l'oncle d'Arthur est content?
6. Est-ce que le cousin et la cousine d'Arthur étudient le français?
7. Le français, est-il facile ou difficile?

8. Qu'est-ce qu'Henri et Hélène désirent?
9. Qu'est-ce que l'oncle donne à son neveu?
10. Est-ce que les anglais ont beaucoup d'argent?

Devoirs: (Practice work)

Remplacez les mots en italique par le pronom personnel :
(Replace the words in italics with a personal pronoun):

Exemple: Le facteur apporte une lettre *à Jean : The postman brings a letter to John.*

Le facteur **lui** apporte une lettre : The postman brings her a letter:

1. Je remercie *mon oncle.*
2. Hélène remercie *ma sœur.*
3. Catherine montre sa photographie *à Chantal.*
4. Elle demande sa photographie *à Marie-Louise.*
5. Il apporte ses lettres *à ses parents.*
6. Il laisse *les lettres* dans la boîte.
7. Les enfants montrent leur photographie à *leur parents.*
8. Elle donne la lettre *à son fils.*

Traduisez: (Translate)

1. The uncle writes a letter to his nephew, Arthur.
2. The postman brings him the letter.
3. He shows it to his mother.
4. He says to him: "Here they are."
5. Your aunt likes you very much.
6. Don't you like her also?

Comparaison des adjectifs. Pronoms démonstratifs variables. Présent de sortir et partir.
[Comparison of adjectives. Demonstrative pronouns. Conjugation of Sortir (to go out, to exit) & Partir (to depart, to leave, to set- out.)]

Grammaire: (Grammar)

Comparatif

	plus belle	
	more beautiful	
Cette robe-ci est	*plus chère*	que cette robe- là
This gown (dress) is	dearer	than that gown (dress)
	moins élégante	
	less elegant	
	aussi joli	
Ce chapeau-ci n'est pas	as pretty	*que le chapeau-là*
This hat is not		as that hat
	si joli	
	so pretty	

***Note:** the comparative of adjectives is formed by placing **plus, moins, aussi ,si** before the adjective and **que** after it.*

Pronoms démonstratifs variables : (Variable demonstrative pronouns):

(*a*) **Celui, celle, ceux** and **celles** are demonstrative pronouns and take the place of the nouns with which they agree in gender and number.

(*b*) These demonstrative pronouns cannot be used alone. They are regularly followed by a 'relative clause', or by a 'prepositional phrase', such as **de**+ noun.

Exemples: **(Examples)**

A.

1. *Ce chapeau est joli*	*Celui qu'elle porte est laid*
This hat is pretty	The one she wears is ugly
2. *Cette cravate est laide*	*Celle que vous portez est jolie*
This necktie is ugly	The one you wear is pretty
3. *Ces gants sont noirs*	*Ceux de Jean sont bruns*
These gloves are black	Those of John are brown
4 *Voici vos fleurs et celles de votre mère*	Here are your flowers and your mother's

Singulier	***Pluriel***
Masc. *celui*	*ceux*
this, that, the one	these, those, the ones
Fem. *celle*	*celles*

B.

Regardez ces maisons *Look at those houses*	celle-ci est plus grande que celle-là. *This one is larger than that one*
Qui sont ces hommes ? *Who are those men?*	ceux-ci sont Le Français et ceux-là sont américains
	These are Frenchmen and those are Americans.
Celui-ci (celle-ci)	this, this one , the latter
Ceux-ci (celles-ci)	these, the latter
Celui-là (celle-là)	that, that one, the former
Ceux-là (celles-là)	those, the former

Note: *The demonstrative pronoun followed by* ***–ci*** *or* ***–là*** *are used to contrast the nearer with the more remote.*

Madeleine et Isabelle:

The passage that follows illustrates demonstrative pronouns and a liberal sprinkling of common adjectives:

***Lisez et traduisez* (Read & Translate)**

Madeleine et Isabelle sont deux charmantes jeunes filles avec qui Arthur a dansé la semaine dernière. La première est brune; l'autre est blonde.Madeleine a un visage pâle et oval. Celui d'Isabelle et rond et rose. Madeleine a des yeux noirs; Ceux d'Isabelle sont bleus comme le ciel. Madeleine est la jeune fille la plus riche de la ville. Elle porte toujours les robes les plus chères et les plus élégantes. Celles qu'Isabelle porte sont les plus simples du monde.

Depuis le bal, Arthur est très embarrassé. Laquelle aime-t-il, celle-ci ou celle-là? Il est amoureux des deux à la fois!

***Vocabulaire:* (Vocabulary)**

Le ciel	the sky	brun (e)	brown, brunette
Le monde	the world	élégant(e)	stylish
Le visage	the face	oval(e)	oval
Les yeux	the eyes	pâle	pale
Amoureu-x	in love with	rond	round
Blond(e)	blond	rose	pink
Les deux	both	simple	simple
à la fois	at the same time	laquelle?	which one?

***Répondez aux questions:* (Answer the questions)**

1. Quel visage Madeleine a-t-elle?
2. Avec qui Madeleine et Isabelle a dansé?
3. Quels yeux Madeleine a-t-elle?
4. Et les yeux d'Isabelle? De quelle couleur sont-ils?

5. Madeleine ,est-elle très riche?
6. Quelle robes porte-t-elle?
7. Comment Isabelle s'habille-t-elle?
8. Pourquoi Arthur est-il embarrassé?

***Présent indicative de sortir* : (to go out):**

I go,out,I am going out,	**We go out, we are going out,**
I do go out… etc	**we do go out…etc**
je sors	*nous sortons*
tu sors	*vous sortez*
il sort	*ils sortent*
elle sort	*elles sortent*

P*résent indicative de partir:* (to leave)

I leave , I am leaving	**We leave , we are leaving**
I do leave..etc	**we do leave..etc**
je pars	*nous partons*
tu pars	*vous partez*
il part	*ils partent*
elle part	*elles partent*

***Passé composé :* (past indefinite tense):**

Je suis sorti(e) I went out, I have gone out, etc.

Je suis parti(e) I left, I have left etc.

***Devoirs:* (Practice work)**

Comparez les adjectives suivants avec plus et moins:
(Using 'plus' and 'moins' as in the example, compare the adjectives.)

Exemple (drôle) *George est............ que Paul.*
(example)

George is more funny than Paul.

George est <u>plus</u> <u>drôle</u> que Paul.

[drôle=funny]

Paul est <u>moins</u> <u>drôle</u> que George.

Paul is less funny than George.

1. (grand) Paul est .... que Jean.
2. (jeune) Ma soeur est .... que Marie.
3. (beau) Ces fleurs –ci sont .... que ces fleurs-là.
4. (long) Cette rue –ci est .... que cette rue-là.
5. (élégant) Catherine es .... que Françoise.
6. (pâle) Votre visage est .... que le visage de Chantal.
7. (bleu) Vos yeux sont .... que le ciel.
8. (vieux) Ces femmes sont .... que votre grand-mère.

***<u>Traduisez</u> :* (Translate)**

1. This tie is prettier than that one.
2. Do you like these flowers?
3. At what time are you leaving?
4. She is the younger of the two.
5. Alice is taller than her sister.

***<u>Pronoms relatifs 'qui' et 'que' Pronoms disjoints(suite) Impératif positif</u> :* <u>(Relative pronouns qui & que; disjunctive pronouns)</u>**

***<u>Grammaire</u> :* <u>(Grammar)</u>**

***Pronoms relatifs <u>qui</u> et <u>que</u> :* (Relative pronouns "which, that or whom")**

***Sujet* (Subject)**	***Complément* (Object)**
Mon frère **qui** travaille. *My brother **who** works.*	Les amis **que** vous rencontrez. *The friends **(whom)** you meet.*
Une chose qui m' intéresse. *A thing **which (that)*** interests me	Les choses qu'il aime. *The things **(that or which)*** he likes.
Les femmes **qui** vendent des fleurs. *The women **who** sell flowers.*	Les hommes **que** vous entendez. *The men **(whom)** you hear.*

Note:

1. Qui means *who, which, that*, and is used only as the subject.
2. Que means *whom, which, that* and is used only as a direct object. **que** becomes **qu'** before a vowel.
3. The relative pronoun must always be expressed in French, although often omitted in English.

Pronoms disjoints (suite) **Disjunctive pronouns (in sequence)**

In addition to their use after prepositions, observe the use of the disjunctive pronoun in the following examples:

Qui est-ce?	*C'est moi, (toi), c'est lui(elle).*	It is I (you), it is he(she).
	C'est nous, c'est vous.	It is we, it is you.
	Ce sont eux, ce sont elles.	It is they.
Who is it?	*ou c'est eux, c'est elles.*	It is they.

Note:

1. *The English **'it is'** with a personal pronoun is in French* **c'est** *with a* disjunctive personal pronoun. Observe, however, that in the third *person plural,* **ce sont eux** (elles), ***they are,*** *is used in preference to* **c'est eux** (elles).

2. ***Qui est là ? – Moi .*** **Who is here ? –** I.

Qui a de l'argent?—Lui. **Who has money? –** He.

The disjunctive form is also used when a verb is implied, but not expressed, that is when the personal pronoun stands alone.

3. ***Mon frère et moi, nous descendons.*** My brother and I come downstairs.

Je rencontre sa sœur et lui. I meet his sister and him.

The disjunctive form is required when the subject or object is compound. Observe that in such cases the compound subject is repeated by means of the collective subject pronoun.

Leçon - 3

THE IMPERATIVE

In grammar, the imperative designates the mood of the verb which expresses 'command'. For example in English we often may say... "OUT !" or "EAT!" Let us cover the three groups of verbs in the examples below:

***Impératif de donner**, to give; **finir**, to finish; **entendre**, to hear*:

Second person singular*	**donne** (give)	**finis** (finish)	**entends** (hear)
First person plural	**donnons** (let us give)	**finissons** (let us finish)	**entendons** (let us hear)
Second person plural	**donnez**(give)	**finissez**(finish)	**entendez**(hear)

Note:

1. The imperative forms of a verb are like the corresponding forms of the present indicative, except that in the second person singular of – **er** ending verbs, the **'s'** is dropped.
2. Observe that in the imperative form ,the pronoun subject **'tu' 'nous', 'vous'** do not appear.
3. *Montrez-le.* — Show it.
   Parlons- leur. — Let us speak to them.
   Attendez-moi. — Wait for me.
   Parlez-moi. — Speak to me.

---

*This is a 'familiar' form which should not be used unless specified.

Personal pronouns, when direct or indirect objects in the affirmative command, follow the verb immediately and are joined to it by a hyphen. Observe that the forms '**moi**', and '**toi**' are used instead of '**me**' and '**te**'.

Une carte postale de Paris

(A postcard from Paris)

Relative pronouns '**qui**' and '**que**' are dealt with in the exercise below. Also the positive imperative of verbs are seen. Use the vocabulary index at the end of this lesson to translate and understand the passage ,then answer the questions that follow in French. The verb *'crier '*(to cry) is conjugated as well.

Hélène crie à son frère,qui travaille dans sa chambre:—Richard, descendez vite!—qu'est-ce qu'il y a? demande Richard.—Quelque chose qui vous intéresse.—Je n'ai pas le temps. Mais Hélène monte et frappe à la porte de la chambre.—Qui est là, dit Richard.—Moi,C'est moi.—Laissez-moi tranquille.—Richard, ouvrez la porte.—Ouvrez-là. Entrez! Hélène entre dans la chambre, mais elle ne ferme pas la porte. – Hélène, pourquoi ne fermez-vous pas cette porte? Fermez-la. – Regardez, Richard, une carte postale de Paris. De ma cousine Françoise. Écoutez:

Ma chère Hélène,

Voici un endroit que j'aime beaucoup.C'est le Marche aux fleurs. Les femmes qui vendent des fleurs crient:- Achetez les jolies violettes! Un franc le bouquet. Achetez les belles roses! Dix francs la douzaine. Envoyez-moi aussi des cartes postales d'Angleterre. Parlez-moi des choses que vous aimez et des amis que vous rencontrez.

Affectueusement, votre cousine, Françoise.

—Decendons maintenant, dit Richard. – Non, finissez votre travail. – Mais non, allons tout de suite chez Robert et montrons-lui cette carte postale. Richard et Hélène vont vite chez leur ami, Robert.

Vocabulaire: **(Vocabulary)**

Crier	to cry out, call out	*Le fleur*	The flower
Frapper	to knock	*La rose*	The rose
Laisser	to let, leave	*Le temps*	The time
Fermer	to close, shut	*Le violette*	The violet (flower)
Interesser	to interest	*Tranquille*	Quit, / alone
Vendre	to sell	*Affectue-usement*	Affectionately
Acheter	to buy	*Vite*	Quick (ly)
Regarder	to look at	*Ouvrez !*	Open !
Rencontrer	to meet	*Endroit*	Place

Le Marche aux Fleurs	The Flower Market
Qu'est-ce qu'il y a ?	What is it? What is the matter?
Laissez- moi tranquille	Leave me alone!
Un franc le bouquet	One franc a bunch (for the bouquet of flowers)

Répondez aux questions: **(Answer the questions)**

1. Qu'est-ce qu' Hélène crie à son frère?
2. Que fait Richard?
3. Qu'est-ce qu'il répond à sa sœur?
4. Pourquoi ne decend-il pas?
5. Que fait Hélène?
6. Quand Richard demande : — Qui est là? Qu'est-ce que sa sœur répond?
7. Est-ce qu'Hélène ferme la porte?
8. Qui dit Richard à sa sœur?

9. De qui est la carte postale?
10. Combien coûtent les violettes?
11. Combien coûtent les roses?

*Le verbe **crier**: (to call, cry out)* ***présent indicative:***

I cry out, etc…	***We cry out etc…***
Je crie	*Nous crions*
Tu cries	*Vous criez*
Il crie	*Ils crient*
Elle crie	*Elles crient*

Devoirs: **(Practice work)**

A. *Mettez le pronom relatif convenable,* ***qui*** *ou* ***que***:
(put a suitable relative pronoun 'qui' or 'que' in the blanks)

1. Voici un bouquet .... est beau.
2. Voilà une fleur........... j'aime.
3. La femme........... vend des fleurs est vieille.
4. Les roses........... elle vend sont bon marché.
5. Les cartes postales........... nous achetons sont jolies.
6. Voici l'endroit........... nous aimons.
7. Voilà un homme........... est très riche.
8. Quel est ce monument........... vous regardez?
9. Qui est cet homme........... nous regardons?
10. Aimez-vous la chanson .... elle chante?

B. *Mettez les verbes suivants à l'impératif:*

Exemple: *Aller à la maison* ***Va ! allez! allons!***

1. Entrez dans le salon.
2. Mangez des pommes.
3. Monter dans la chambre.

4. Commencer le jeu.
5. Attendre mon ami.
6. Frapper à la porte.

C. *Traduisez*: (Translate into French)

1. My brother and I like postcards which the postman brings us.
2. Look at the women who are selling roses.
3. Here is a beautiful rose.
4. Here is a postcard which is from Bangalore
5. She lives in a house in Dehra Dun which is close to the flower market.
6. We give some flowers to our neighbors whom we like.

D. *Mettez l'adjectif à la position convenable*:
(Put the adjective in the correct position)

Exemple: *(gris) une cravate* **Une cravate gris.**

1. (noir) un chapeau
2. (joli) un jardin
3. (français) un livre
4. (beau) un homme
5. (beau, petit) une fille
6. (grand, blanc) une maison
7. (grand, américain) une ville
8. (vieux, intérressant) une histoire

E. *Mettez la forme convenable du pronom relatif **qui ou que**:*

Example: *Voilà une fleur* ***que*** *j'aime. (There is a flower that I like)*

1. Voici une chose.............m'intéresse.

2. Voici les amis............ nous attendons.
3. Regardez ces enfants.............jouent avec leur chien.
4. La robe.............elle porte est très belle.
5. Voilà une personne.............est très riche.
6. Je n'aime pas les chansons.............vous chantez.

Verbes réfléchis. Impératif negatif. Impératif de être et avoir.

(Reflexive verbs. Negative imperative . Imperative of verbs 'être' & 'avoir')

This is an exercise to bring out the reflexive forms of verbs and to continue our experience of the imperative , but this time the 'negative imperative' usage is dealt with.

Il est sept heures du matin. Henri est encore au lit. Le soleil entre dans sa chambre à coucher. Sa mère lui crie:-

—Henri, levez-vous vite !

Le jeune garçon s'éveille et demande:-

—Quelle heure est-il maman?

—Il est sept heures, vous êtes en retard.

Henri se lève tout de suite. Il se lave vite, mais il s'habille très lentement.Sa mère lui crie encore:-

—Henri, dépêchez-vous ! Qu'est-ce que vous faites là?

—Mais je m'habille, maman!

—Habillez-vous vite, et ne perdez pas votre temps.

—Mamam, je ne trouve pas mon épingle à cravate.

—Ne la cherchez pas. Descendez tout de suite. Nous vous attendons pour le petit déjeuner.

—Ne m'attendez pas. Commencez sans moi.

Monsieur Laconte se fâche et dit:-

—Ne l'attendons pas. Envoyez-le à l'école sans le petit déjeuner.

Mais madame Laconte apporte son petit déjeuner à son fils et lui dit:-

—N'allez pas à l'école sans votre petit déjeuner.Mais ne soyez pas en retard mon cher enfant

Vocabulaire: **(Vocabulary)**

attendre	*to wait*
se coucher	*to go to bed , lie down*
se dépêcher	*to hurry*
s' éveiller	*to wake up*
se fâcher	*to get angry*
s'habiller	*to dress oneself*
se laver	*to wash oneself*
se lever	*to get up*
petit déjeuner	*breakfast*
une épingle	*pin*
une heure	*hour*
le lit	*bed*
le soleil	*sun*
lentement	*slowly*
en retard	*late*
soyez	*be*

quelle heure est-il?	*what time is it?*
il est sept heures du matin	*it is seven o'clock in the morning*
la chambre à coucher	*bedroom*
épingle à cravate	*scarf pin*
au lit	*in bed*
de bonne heure	*early*
qu'est-ce que vous faites là?	*what are you doing (up) there?*

<u>*Grammaire:*</u> (Grammar)

Indicatif présent du verbe réfléchi ***se laver*** (to wash oneself)

I wash, I am washing, I do wash....etc.	I do not wash myself, I am not washing myself ..etc.	Do I wash myself? Am I washing myself...etc?
je me lave	*je me ne lave pas*	*est-ce que je me lave?*
tu te laves	*tu ne te laves pas*	*te laves-tu?*
il se lave	*il ne se lave pas*	*se lave-t-il ?*
elle se lave	*elle ne se lave pas*	*se lave-t-elle?*
nous nous lavons	*nous ne nous lavons pas*	*nous lavons-nous?*
vous vous lavez	*vous ne vous lavez pas*	*vous lavez-vous?*
ils se lavent	*ils ne se lavent pas*	*se lavent-ils?*
elles se lavent	*elles ne se lavent pas*	*se lavent-elles?*

Note: *Observe that some of the verbs that are not reflexive in English are reflexive in French.*

<u>*Exemples*</u>: (Examples)

<u>*Impératif négatif:*</u>

Achetez-le.	*Ne l'achetez pas.*
Buy it.	Do not buy it.
Vendons-les.	*Ne les vendons pas.*
Let us sell them.	Let us not sell them.
Parlons-leur.	*Ne leur parlons pas.*
Let us speak to them.	Let us not speak to them.
Lavez-vous.	*Ne vous lavez pas.*
Wash yourself.	Don't wash yourself.

Note: *In the negative command, the pronoun object is placed immediately before the verb.*

Impératif de être et avoir:

Être:		***Avoir:***	
sois	be	*aie*	have
soyons	let us be	*ayons*	let us have
soyez	be	*ayez*	have

The imperative of verbs (Command form)

Aidez-moi	*Help me!*
Apportez-le-moi	*Bring it to me.*
Attêtez!	*Stop!*
Asseyez-vous	*Sit down.*
Croyez-moi	*Believe me*
Écoutez	*Listen.*
Écoutez-moi	*Listen to me*
Écoutez-bien	*Listen carefully*
Ne l'écoute pas	*Don't listen(to him)*
Envoyez-le	*Send it!*
Entrez!	*Enter! Come in.*
Essayez!	*Try!*
Finis! (tu)	*Finish! (you)*
Levez-vous!	*Stand up!*
Montrez-moi.	*Show me.*
Montrez-lui	*Show him.*
N'oubliez pas	*Don't forget.*
Partez!	*Leave!*
Partez vite !	*Go quickly!*

Ne partez pas.	*Dont go.*
Passez !	*Pass! Go in.*
Permettez-moi de vous presenter...	*Allow me to present....*
.......Faites!	*Of course!*
Portez-le!	*Carry it!*
Prenez!	*Take!*
Prenez-le!	*Take it!*
Prenez le train!	*Take the train!*
Prenez un taxi.	*Take a taxi.*
Ne prenez pas la peine.	*Don't take the trouble.*
Regardez!	*Look!*
Regardez encore.	*Look again.*
Regardez-moi.	*Look at me.*
Regardez ça.	*Look at that.*
Rentrez chez vous.	*Go home.*
Rentrez tôt.	*Go home early.*
Répétez!	*Repeat! Say it again!*
Restez!	*Stay!*
Restez ici.	*Stay here.*
Restez tranquille.	*Stay still.*
Sortez!	*Go out!*
Suivez-moi.	*Follow me.*
Ne touchez pas!	*Don't touch!*
Versez-moi du café.	*Pour me some coffee.*

Leçon - 4

COMPOUND TENSES

Participe passé. Passé composé avec' avoir'. Passé composé de 'avoir' et 'être'. Présent de 'dire'.

(Past participle. Past indefinite with 'avoir'. Past indefinite of 'avoir' and 'être'.Present tense of 'dire')

Grammaire **(Grammar)**

Passé composé de parler:

J'ai parlé	*I spoke, I have spoken I did speak*
Tu as parlé	*You spoke, you have spoken , you did speak*
Il a parlé	*He/it spoke, he/it has spoken, he/it did speak*
Elle a parlé	*She/it spoke. she/it has spoken, she/it did speak*
Nous avons parlé	*We spoke, we have spoken, we did speak*
Vous avez parlé	*You spoke, you have spoken , you did speak*
Ils ont parlé(m)	*They spoke, they have spoken , they did speak*
Elles ont parlé(f)	*They spoke, they have spoken, they did speak*

***Passé composé de finir:* (to finish)**

J'ai fini	*I finished, I have finished, I did finish*
Tu as fini	*You finished, you have finished , you did finish*
Il a fini	*He/it finished, he/it has finished, he/ it did finish*
Elle a fini	*She/it finished, she/it has finished, she/it did finish*
Nous avons fini	*We finished, we have finished, we did finish*
Vous avez fini	*You finished, you have finished, you did finish*
Ils ont fini(m)	*They finished, they have finished, they did finish*
Elles ont fini(f)	*They finished, they have finished, they did finish*

***Passé composé d' entendre* (to hear):**

J'ai entendu	*I heard, I have heard, I did hear*
Tu as entendu	*You heard, you have heard, you did hear*
Il a entendu	*He/it heard, he/it has heard, he/it did hear*
Elle a entendu	*She/it heard, she/it has heard, she/it did hear*
Nous avons entendu	*We heard, we have heard, we did hear*
Vous avez entendu	*You heard, you have heard, you did hear*
Ils ont entendu	*They heard, they have heard, they did hear*
Elles ont entendu	*They heard, they have heard, they did hear*

Note: *The* ***passé composé*** *of most verbs are formed by combining the present indicative of the auxiliary* ***'avoir'*** *with the past participle of the verb.*

The past participle of regular verbs are formed by replacing the infinitive endings as follows:

1. Verbs in --er change to–**é**
2. Verbs in –ir change to–**i**
3. Verbs in –re change to–**u**

Exemple:

Participe passé des verbes réguliers:

	Infinitif **(Infinitive)**		***Participe Passé*** **(Past Participle)**	
1.	donner	(to give)	donné	(given)
	demander	(to ask)	demandé	(asked)
2.	finir	(to finish)	fini	(finished)
	applaudir	(to applaud)	applaudi	(applauded)
3.	entendre	(to hear)	entendu	(heard)
	répondre	(to answer)	répondu	(answered)

Participe passé des verbes irréguliers: **(Past participle of irregular verbs):**

Infinitif		***Participe Passé***
avoir	(to have)	eu
être	(to be)	été
dire	(to say)	dit
faire	(to do)	fait

When the verb is irregular, as in the preceding examples, the past participle should be learned as one of the principal parts of the verb.

Une représentation de Hamlet : Lisez et traduisez! **(Passage: Read & Translate)**

Hier après-midi Jérôme a rencontré son ami Paul. Il lui a demandé—Qu'est-ce que vous avez fait hier soir? Je vou:

téléphoné et je n'ai pas eu de réponse. Avez vous été au cinéma? Paul lui a répondu—Notre classe d'anglais a donné une représentation de Hamlet heir soir.—Est-ce que la pièce a bien réussi?—Elle a très bien réussi.J'ai joué un rôle important dans la pièce.—C'est vous qui avez joué Hamlet?—Non, je n'ai pas joué ce rôle. Alors, quand j'ai crie très haut, le spectre m'a répondu tout haut: 'Taisez-vous imbécile ! Ne criez pas comme un âne.' Mais le spectre a quitté la scène et tout le monde m'a applaudi.

Vocabulaire:

Applaudir	To applaud	*Un âne*	A donkey
Quitter	To leave	*La pièce*	The play
Réussir	To succeed, be a success	*La représentation*	The performance
Téléphoner	To telephone	*Le rôle*	The part
Rencontrer	To meet	*La scène*	The stage, scene
Répondre	To respond, reply	*Le spectre*	The ghost
		Haut(e)	Loud, high
		eu	had
		été	been
		Taisez vous imbécile!	Keep quiet, you fool!

***More examples of passé composé formed with avoir:* (to have)=**

1. *J'ai fini mon travail.*	I finished (have finished, have been finishing) my work.
J'ai travaillé aujourd'hui.	I worked (have worked, have been working) today.
Nous avons rencontré Marie hier.	We met (we did meet) Marie yesterday.
Il a été malade	He was (he has been) ill.

Important:

The ***passé composé*** expresses not only what has happened or has been happening in the past, but also what happened or did happen. It corresponds therefore both to the English perfect and to the English simple past tense.

In the French grammar of today, the term 'passé composé' has replaced the traditional passé indéfini.

***Passé composé de avoir et être:* (past indefinite tense of *'avoir' & 'être'*)**

Avoir:

I had, I have had, I did have etc...	We had, we have had, we did have..
j'ai eu	nous avons eu
tu as eu	vous avez eu
il a eu	ils ont eu
elle a eu	elles ont eu

Être:

I was, I have been etc...	We were, we have been, etc…
j'ai été	nous avons été
tu as été	Vous avez été
il a été	ils ont été
elle a été	elles ont été

***Order des mots* (Order of the words):**

Avez-vous parlé à Robert?	*Oui, je lui ai parlé*
Have you spoken to Robert?	Yes, I spoke to him.
Est-ce que vous avez parlé à Robert?	*Non, je ne lui ai pas parlé.*
Did you speak to Robert?	No, I did not speak to him
Ne m'avez-vous pas entendu?	*Si, je vous ai entendu.*
Did you not hear me?	Yes, I heard you.

Note: ***In a compound tense like the*** **passé composé:**

(*a*) The conjunctive pronoun object comes immediately before the auxiliary.

(*b*) In asking the question, the pronoun subject comes after the auxiliary, unless we use **est-ce que.**

(*c*) In the negative form, the auxiliary (including pronouns before or after it) comes between **ne** and **pas.**

Indicatif présent de ***dire***: (Present indicative of the verb *'dire'*- to say)

Je dis	I say, I am saying, I do say
Tu dis	You say, you are saying, you do say
Il dit	He/it says, he/it is saying, he/it does say
Elle dit	She/it says, she/it is saying, she/it does say
Nous disons	We say, we are saying, we do say
Vous dites	You say, you are saying, you do say
Ils disent (m)	They say, they are saying, they do say
Elles disent (f)	They say, they are saying, they do say

Passé composé:

Dire : J'ai dit etc.; I said, I have said, I did say...etc.

Faire : J'ai fait etc.; I did , I have done... etc.

<u>***Devoirs:***</u> **(Exercises)**

<u>***Remplacez le présent de l'indicatif par le passé composé***</u>
(Replace the indicative present with the past composite tense:)

Exemple: Il entends la musique: Il a entendu la musique
(Example): ***He is listening to music***:**He listened to music.**

1. Vous ne jouez pas ce rôle.
2. Qui vous apporte des fleurs?
3. Êtes –vous en France?
4. J'ai cinq francs pour aller au cinéma.
5. Pourquoi perdez-vous votre argent?

Frequently Used Irregular Verbs: **Present & Past Participles:**

Given below are some frequently used irregular verbs which are conjugated in the past tense as per the auxiliary verb + past participle; the auxiliary verb is indicated in brackets below each Infinitive. (the present indicative has been conjugated without the use of a preposition -**tu, il** etc.which must be understood; **' je'** is however included).

Infinitive		Present indicative	**Past Participle**	Example
avoir	: To have	j'ai	eu	**J'ai eu**
		as		*(I had)*
(avoir)		a		
		avons		
		avez		
		ont		
acquérir:	To acquire	j'acquiers	acquis	**J'ai acquis**
		acquiers		*(I acquired)*
(avoir)		acquiert		
		acquérions		
		acquérez		
		acquièrent		
aller	: To go	je vais	allé(e)s	**Je suis allé (e)**
		vas		*(I went)*
(être)		va		
		allons		
		allez		
		vont		

(s')asseoir **(être)**	:To sit down	je m'assieds assied assieds asseyons asseyez asseyent	assis(e)(s)	**Je me suis assis(e)** *(I sat [myself] down)*
battre **(avoir)**	: To beat	je bats bats bat battons battez battent	battu	**J'ai battu** *(I had beaten)*
boire **(avoir)**	: To drink	je bois bois boit buvons buvez boivent	bu	**J'ai bu** *(I drank)*
conclure **(avoir)**	: To conclude	je conclus conclus conclut concluons concluez concluent	conclu	**J'ai conclu** *(I concluded)*
conduire **(avoir)**	: To drive To lead	je conduis conduis conduit conduisons conduisez conduisent	conduit	**J'ai conduit** *(I drove, I lead)*

connaître	:To know	Je connais	connu	**J'ai connu**
		connais		*(I knew)*
(avoir)		connait		
		connaisons		
		conaissez		
		connaissent		
courir	:To run	je cours	couru	**J'ai couru**
		cours		*(I ran)*
(avoir)		court		
		courons		
		courez		
		courent		
croire	:To believe	je crois	cru	**J'ai cru**
		crois		*(I believed)*
		croit		
(avoir)		croyons		
		croyez		
		croient		
cueillir	:To gather	je cueille	cueilli	**J'ai cueilli**
	To pick	cueille	cueilles	*(I gathered, I picked)*
		cueillons		
(avoir)		cueillez		
		cueillent		
devoir	: To owe	je dois	dû	**J'ai dû**
	To ought		dois	*(I owed)*
		doit		
(avoir)		devons		
		devez		
		doivent		

dire	:To say	je dis	du	**J'ai du**
	To tell	dis		*(I said, I*
		dit		*told)*
(avoir)		disons		
		dites		
		disent		
dormir	:To sleep	je dors	dormi	**J'ai dormi**
		dors		*(I slept)*
(avoir)		dort		
		dormons		
		dormez		
		dorment		
écrire	:To write	j'écris	écrit	**J'ai écrit**
		écris		*(I wrote)*
(avoir)		écrit		
		écrivons		
		écrivez		
		écrivent		
envoyer	:To send	j'envoie	envoyeé	**J'ai envoyé**
		envoies		*(I sent)*
(avoir)		envoie		
		envoyons		
		envoyez		
		envoient		
être	:To be	je suis	été	**J'ai été**
		es		*(I was, I*
(avoir)		est		*had been)*
		sommes		
		êtes		
		sont		

faillir*	:To fail	not used	faille	**J'ai failli** *(I had failed)*
(avoir)				

Note* Used in expressions such as *Il a falli tomber* (He failed to fall–literally but meaning – *'he nearly fell'*)

Faire	:To do	je fais	fait	**J'ai fait**
	To make	fais		*(I did)*
(avoir)		fait		
		faisons		
		faites		
		font		
falloir#	:To be	il faut	fallu	**Il a fallu**
		necessary		*(It was necessary)*
		Must		

#
(used only with il)

(avoir)				
fuir	:To flee	je fuis	fui	**J'ai fui**
		fuis		*(I fled)*
		fuit		
(avoir)		fuyons		
		fuyez		
		fuient		
haïr	:To hate	je hais	haï	**J'ai haï**
		hais		*(I hated)*
(avoir)		hait		
		haïssons		
		haïssez		
		haïssent		

lire	: To read	je lis	lu	**J'ai lu**
		lis		*(I read)*
(avoir)		lit		
		lisons		
		lisez		
		lisent		
mettre	:To put	je mets	mis	**J'ai mis**
	To place	mets		*(I put)*
		met		
(avoir)		mettons		
		mettez		
		mettent		
mourir	: To die	je meurs	morte(e)(s)	**Je suis**
		meurs		**mort(e)(s)**
		meurt		*(I died)*
(être)		mourons		
		mourez		
		meurent		
naitre	:To be	Je nais	né(e)(s)	**Je suis**
		nais		**né(e)(s)**
		nait		*(I was born)*
(être)		naissons		
		naisez		
		naissent		
ouvrir	:To open	j'ouvre	ouvert	**J'ai ouvert**
		ouvres		*(I opened)*

(avoir)		ouvre		
		ouvrons		
		ouvrez		
		ouvrent		
partir	:To leave	je pars	parti(e)(s)	**Je suis parti (e)**
		pars		*(I left)*
(être)		part		
		partons		
		partez		
		partent		
plaire	:To please	je plais	plu	**J'ai plu**
		plais		*(I had pleased)*
		plaît		
(avoir)		plaisons		
		plaisez		
		plaisent		
pleuvoir*	:To rain	il pleut	plu	**Il a plu**
(avoir)		(it rains)		*(it rained)*

* (used only with il)

pouvoir	:To be able	je peux /puis #	pu	**J'ai pu**
		peux		*(I had been able)*
(avoir)		peut		
		pouvons		
		pouvez		
		peuvent		

(the interrogative of pouvoir in the 1st person singular is always 'puis-je'.

prendre	:To take	je prends	pris	**J'ai pris**
		prends		*(I had taken)*
(avoir)		prend		
		prenons		
		prenez		
		prennent		
résoudre	:To	je résous	résolu	**J'ai résolu**
		resolve		*(I had resolved)*
		résous		
(avoir)		résout		
		résolvons		
		résolvez		
		résolvent		
rire	:To laugh	je ris	ri	**J'ai ri**
		ris		*(I laughed)*
(avoir)		rit		
		rions		
		riez		
		rient		
savoir	: To know	je sais	su	**J'ai su**
		sais		*(I knew)*
(avoir)		sait		
		savons		
		savez		
		savent		
servir	: To serve	je sers	servi	**J'ai servi**
		sers		*(I served)*
(avoir)		sert		
		servons		
		servez		
		servent		

suffire	:To suffice To be enough	je suffis	suffi	**J'ai suffi**
		suffis		*(I sufficed)*
(avoir)		suffis		
		suffisons		
		suffisez		
		suffisent		
suivre	:To follow	je suis	suivi	**J'ai suivi**
		suis		*(I followed)*
(avoir)		suit		
		suivons		
		suivez		
		suivent		
(se)taire	:To be quiet	je tais	tu(e)(s)	**Je suis tu(e)(s)**
		tais		*(I was quiet)*
	To say nothing	tait		
		taisons		
(être)		taisez		
		taisent		
tenir	:To hold	je tiens	tenu	**J'ai tenu**
	To keep	tiens		*(I held)*
		tient		
(avoir)		tenons		
		tenez		
		tiennent		
vaincre	:To conquer	je vaincs	vaincu	**J'ai vaincu**
		vaincs		*(I conquered)*

(avoir)		vainc		
		vainquons		
		vainquez		
		vainquent		
valoir	:To be worth	je vaux	valu	**J'ai valu**
		vaux		*(I was worth)*
		vaut		
(avoir)		valons		
		valez		
		valent		
vendre	:To sell	je vends	vendu	**J'ai vendu**
		vends		*(I sold)*
(avoir)		vend		
		vendons		
		vendez		
		vendent		
venir	: To come	je viens	venue(e)(s)	**Je suis venu(e)(s)**
		viens		
(être)		vient		*(I came)*
		venons		
		venez		
		viennent		
vivre	: To live	je vis	vécu	**j'ai vécu**
		vis		*(I lived)*
(avoir)		vit		
		vivons		
		vivez		
		vivent		

voir	: To see	je vois	vu	**J'ai vu**
		vois		*(I saw)*
(avoir)		voit		
		voyons		
		voyez		
		voient		

***Une Longue Promenade* (A Long Walk)**

Passé composé avec être.Verbes réfléchis. Présent de venir et tenir.

(The past tense with the verb 'être'.Reflexive verbs.Present tense of **venir** and **tenir**.)

Ce matin je me suis levé à six heures. Je me suis lavé et je me suis habillé rapidment. Je suis allé de Delhi à sept heures et demi par avion. Je suis arrivé à Bombay à neuf heures et quart. A dix heures, Jaques est venu chez moi. Il est entré dans ma chambre et il m'a dit:-

"Bonjour Gérard. Vous êtes prêt? Nous allons faire une longue promenade aujourd'hui. Dépêchez-vous."

Nous sommes decendus dans la salle à manger et nous avons mangé ensemble. Puis nous sommes sortis et nous avons marché rapidment. D'abord, nous sommes allés au parc. Puis, nous sommes allés à la campagne. A une heure, nous avons acheté un sandwich et une glace au chocolat. Puis nous avons marché encore jusqu'à quatre heures de l'après-midi. Alors, Jacques m'a dit:-

"Je suis fatigué!" Je lui ai dit:- "Moi, je ne suis pas fatigué, mais j'ai mal au pied.

Nous avons pris un taxi et nous sommes rentrés à la maison. Nous sommes arrivés chez nous à six heures juste à temps pour le dîner.

***Vocabulaire* (Vocabulary)**

Aller	To go *(passé composé=allé)*
Arriver	To arrive *(passé composé=arrivé)*
Marcher	To walk *(passé composé=marché)*
Rentrer	To go or come home, return *(passé composé=rentré)*
Decendre	To come down, decend *(passé composé=descendu)*
Prendre	To take *(passé composé=pris)*
Sortir	To go out *(passé composé= sorti)*
Venir	To come *(passé composé = venu)*
Se lever	To get *(oneself)* up
Se laver	To shave *(oneself)*
Se habiller	To get *(oneself)* ready
La campagne	The country
Le chocolat	The chocolate
Le dîner	The dinner
L'après-midi	The after- noon.
Faire une promenade	To take a walk
La salle à manger	The dining room
Une glace au chocolat	A chocolate ice-cream
J'ai mal au pied	My foot hurts me (I have a pain in my foot)
Dépêchez-vous	Hurry up
Juste à temps	Just in time
Le parc	The park
Le pied	The foot

Le sandwich	The sandwich
D'abord	(at) first
Rapidment	Fast, rapidly
Jusqu' à	Until, up to
Avoir mal	To have pain, hurt

Questions:

1. A quelle heure Gérard a allé de Delhi à Bombay?
2. Qui est venu chez lui?
3. Qu'est-ce que Jacques lui a dit?
4. Est-ce qu'ils ont mangé dans la chambre à coucher?
5. Qu'est-ce qu'ils ont fait après le petit déjeuner?
6. Où sont-ils allés?
7. Où ont-ils fait une promenade?
8. Qu'est-ce qu'ils ont acheté?
9. Qui est fatigué?
10. Qui a mal au pied?
11. Comment sont-ils rentrés à la maison?
12. Est-ce qu'ils sont en retard pour le dîner?

Grammaire: (Grammar)

Passé composé de ***aller*** (to go)

I went, I have gone, I did go. etc.	We went, we have gone, we did go…etc..
Je suis allé(e)	*nous sommes allé(e)s*
Tu es allé(e)	*vous etes allé(e)s*
Il est allé	*ils sont allés*
Elle est allée	*elles sont allées*

Note: Temps composés avec ***être***:

A few ***intransitive*** *verbs use* **être** , *instead of* **avoir** *with the past participle to form their compound tenses. Such verbs are:*

aller	**to go**	*venir*	**to come**	*tomber*	**to fall**
entrer	**to enter, go in**	*sortir*	**to go out**	*rester*	**to stay**
arriver	**to arrive**	*partir*	**to leave**	*devenir*	**to become**
monter	**to go up**	*descendre*	**to come down**	*retourner*	**to go back**
rentrer	**to get back home, go in again, return**				

A verb is called 'intransitive' when it can have no direct object.

Exemples: **(Examples)**

1. *Nous sommes allés au théâtre* — We went to the theatre
2. *Véronique, êtes- vous sortie?* — Veronique, did you go out?
3. *Henri et Paul, êtes –vous rentrés?* — Henry and Paul, have you come in?

As can be seen from the above examples, the past participle of a verb conjugated with ***'être'*** is treated like an **adjective** and agrees with the subject.

All reflexive verbs form their compound tenses with **'être'** and the past participle

Passé composé de 'se laver'- to wash oneself:

La forme affirmative	**La forme négative:**
I washed myself, I have washed myself, I did wash myself...etc:	I did not wash myself, I have not washed myself, I did not wash myself...etc:
je me suis lavé(e)	je ne me suis pas lavé(e)
tu t'es lavé(e)	tu ne t'es pas lavé(e)
il s'est lavé	il ne s'est pas lavé
elle s'est lavée	Elle ne s'est pas lavée
nous nous sommes lavé(e)s	nous ne nous sommes pas lavé(e)s
vous vous êtes lavé(e)s	vous ne vous êtes pas lavé(e)(s)
ils se sont lavés	ils ne se sont pas lavés
elles se sont lavées	elles ne se sont pas lavées

Indicatif présent de venir **: to come**

I come, I am coming, I do come..etc	**We come, we are coming, we do come..etc**
Je viens	*nous venons*
Tu viens	*vous venez*
Il vient	*ils viennent*
Elle vient	*elles viennent*

Tenir: **to hold**

I hold, I am holding	**We hold, we are holding,**
I do hold...etc	**we do hold.. etc**
Je tiens	*nous tenons*
Tu tiens	*vous tenez*
Il tient	*ils tiennent*
Elle tient	*elles tiennent*

Passé composé:

Je suis venu(e) etc: I came, I have come, I did come, etc.

J'ai tenu etc: I held, I have held, I did hold, etc.

Note: Reflexive verb **se souvenir** *(to remember) is conjugated like* venir: je me souviens, tu te souviens, il se souvient *etc;* **appartenir** *(to belong) is conjugated like* tenir: j'appartiens, tu appartiens, il appartient *etc.*

Devoirs: **(Exercises)**

1. ***Mettez les verbes suivants au passé composé*** **(Put the following verbs into past tense)**

Exemple: Ils déjeunent ensemble : Ils ont déjeuné ensemble

(*i*) Nous entrons dans le salon

(*ii*) Elles font une promenade

(*iii*) Je marche rapidment

(*iv*) Elles arrivent devant la maison

(*v*) Je leur parle

(*vi*) Nos amis ne viennent pas à midi

(*vii*) Robert monte l'escalier

(*viii*) Jacques tombe de sa bicyclette

2. *Mettez les verbes suivants au passé composé* (Put the following verbs into past tense)

Exemple: Elle s'habille lentement:	***Elle s' est habillée lentement***
(She is dressing slowly)	***(She had dressed slowly)***

(*i*) *Ils se lèvent à six heures*

(*ii*) *Ils se couchent à neuf heures*

(*iii*) *Ils s'habillent avant le déjeuner*

(*iv*) *Vous descendez à la salle à manger*

(*v*) *Ils marchent au bureau rapidment*

3. Apprenez: **(memorise)**

(*i*) Où avez vous mal?	Where does it hurt you?
(*ii*) J'ai mal à la tête.	I have a headache.
(*iii*) J'ai mal aux dents.	I have a toothache.
(*iv*) J'ai mal au pied.	My foot is sore.
(*v*) J'ai mal à la gorge.	I have a sore throat.
(*vi*) Vous me faites mal.	You hurt me.
(*vii*) Ça fait mal.	It hurts.

IL DESSINE DES IMAGES SUR LE MUR !

He paints (is painting) pictures on the wall !

(*Passé composé : Il a dessiné des images sur le mur – he* painted pictures on the wall.:: Verb 'dessiner': to paint)

IL BOIS DU VIN ! He drinks (is drinking) wine !

(Passé composé- Il a bu du vin : He drank [some] wine)

(verbe téléphoner (to relephone,call)
(She is calling her friend Sylvia)
Elle a telephoné son amie Sylvie(passé composé)
She telephoned her friend Sylvia

Madame Lapierre Est Très Fatiguée

Accord du participe passé (suite). Position de pronom 'en'. Verbes réciproques. Le verbe 'dormir'
(Agreement of the past participle. Position of pronoun 'en'. Reciprocal verbes and the verb 'dormir' to sleep.)

Après le petit déjeuner monsieur Lapierre est allé à son travail, les enfants sont allés à l'école et madame Lapierre s'est occupée du ménage. Elle a remassé toutes les assiettes sales, elle a nettoyé la cuisine et elle l'a balayée. Après cela elle est allée au marché. Elle a rencontré une de ses voisines, madame Mitterand. Elles se sont saluées et elles se sont parlées.

—Ma chère, a dit madame Mitterand, comme je suis bête! J'ai oublié mon porte-monnaie! Je n'ai pas d'argent sur moi. Donnez-m'en, s'il vous plaît.

Madame Lapierre lui en a donné. Puis madame Lapierre est rentrée à la maison avec des légumes, de la viande, et des fleurs qu'elle a achetés. Elle a pris une vase et elle a mis les fleurs dedans.

Madame Lapierre est très fatiguée ! Elle a pris un journal, mais elle s'est endormie.

Elle dort encore lorsque les enfants rentrent de l'école.

—Maman, maman, où est notre déjeuner? Est-ce que vous n'avez rien préparé?

—Mais si, mes enfants, il y a les restes du dîner d'hier. Cette fois votre mère s'est endormie parce qu'elle a travaillé trop dur.

—Est-ce qu'il y a de la confiture?—Oui, il y en a dans l'armoire. Prenez-en.

—Est-ce qu'il n'y a pas de crème?—Non, il n'y en a pas. Vous n'en avez pas besoin.

***Vocabulaire* (Vocabulary)**

Balayer	*To sweep*	*Une armoire*	*A cupboard*
Dormir	*To sleep*	*Le besoin*	*Need*
S'endormir	*To fall asleep*	*Le déjeuner*	*Luncheon*
Nettoyer	*To clean*	*Le légume*	*The vegetable*
S'occuper de	*To take care of*	*Le ménage*	*The household*
Placer	*To place*	*Le vase*	*The vase*
Remasser	*To collect, pick-up*	*La viande*	*The meat*
Se reposer	*To rest (oneself)*	*Bête*	*stupid, foolish*
Saluer	*To greet*	*Sale*	*dirty*
Se saluer	*To greet eachother (one another)*	*Dur*	*hard*
Préparer	*To prepare*	*Lorsque*	*when*

Elles se sont saluées :	*They greeted each other*
Comme je suis bête !	*How stupid I am!*
Avoir besoin de	*To need , have need of..*
Elle s'est endormie	*She fell asleep*
Elle dort encore	*She is still sleeping (asleep)*
Les restes (m)	*The remains; Leftovers*
Le porte-monnaie	*The purse*

Les questions:

(*i*) Où est allé monsieur Lapierre après le petit déjeuner?

(*ii*) Où sont allés les enfants?

(*iii*) De quoi madame Lapierre s'est elle occupée?

(*iv*) Qu'est-ce qu'elle a lavé?

(*v*) Où a-t-elle placé les assiettes?

(*vi*) Qui a-t-elle rencontré?

(*vii*) Qu'est-ce que madame Mitterand lui a dit?

(*viii*) Qu'est-ce que madame Lapierre a acheté?

(*ix*) Où a-t-elle mis les fleurs?

(*x*) Pourquoi s'est-elle endormie?

(*xi*) Est-ce qu'il y a de la confiture?

(*xii*) Où est la confiture?

(*xiii*) Est-ce qu'il y a de la crème?

(*xiv*) Est-ce que les enfants en ont besoin?

***Grammaire* (Grammar):**

***Accord du participle passé:* Agreement of the past participle**

***Exemples* (Examples):**

No Agreement of Past Participle	**Agreement of Past Participle**
1. *Où avez-vous mis la viande?—*	*Je l'ai mis sur la table.*
Where did you put the meat?	I put it on the table.
Avez-vous acheté des fleurs?—	Oui, voici les fleurs que j'ai achetées.
Did you buy any flowers?	Yes, here are the flowers I bought.
Vos amies ont-elles travaillé?—	Non, elles se sont reposées.
Did your friends work?	No, they rested (themselves).

Note: 1:* *As in the examples above , when ,in a compound tense, a direct object(noun or pronoun) precedes the auxiliary verb* **avoir** *or* **être,** *the past participle agrees in gender and number with the direct object.

2. *Avez-vous parlé à cette dame?—*	*Non, je ne lui ai pas parlé.*
Did you speak to that lady?	No, I did not speak to her.
Avez vous écrit à vos parents?—	*Oui, je leur ai écrit.*
Did you write to your parents?	Yes, I wrote to them.
Est-ce que vos parents se sont écrit?—	*Oui, ils se sont écrit.*
Did your parents write to each other?	Yes, they wrote to each other.

Note: 2: *There is no agreement of the past participle with an indirect object.*

3. *Avez-vous pris de la crème?—* *Oui, j'en ai pris.*
   Did you take some cream? Yes, I took some of it.

Note: 3: *There is no agreement of the past participle with 'en'.*

<u>Position des pronom 'en'</u> **<u>: Position of the pronoun 'en':</u>**

Avez-vous pris du sucre—	*Oui vous m'en avez donné.*
Did you take some sugar?	Yes you gave me some.
Y a-t-il de l'eau dans la vase?—	*Oui, il y en a.*
Is there any water in the vase?—	Yes there is some.

<u>Verbes reciproques</u>**: <u>(Reciprocal verbs)</u>**

Verbs expressing reciprocal action are like reflexive verbs in form; they make use of the same pronouns and follow the same rules of agreement.

Exemples: **(Examples)**

Nous nous sommes rencontrés(ées)	We met each other (one another)
Ces dames se sont saluées.	Those ladies greeted each other (one another)
Elles se sont parlées.	They spoke to each other (one another)

<u>Indicatif présent de 'dormir' to sleep:</u>

I sleep, I am sleeping I do sleep, etc.	*We sleep, we are sleeping, we do sleep, etc.*

Je dors	nous dormons
Tu dors	vous dormez
Il dort	ils dorment
Elle dort	elles dorment

Le passé composé: J'ai dormi : *I slept, I have slept etc.*

Like dormir, another verb ***'s'endormir'*** *is conjugated, meaning* **to fall asleep**. *It is a reflexive verb.*

Leçon - 5

LE PASSÉ RÉCENT

(The Recent Past Tense)

Later in the lessons we shall be doing the 'near future tense'. However, it would now be right to undertake & understand the 'recent past tense.'

The recent past is formed by using the present indicative tense of the verb *'venir'* and adding *'de'* plus the infinitive of another verb.

Examples: *See the difference between the passé composé & passé récent:*

Passé composé : *Je suis sorti hier (I went out yesterday)*

Passé récent : *Je viens de sortir - il y a une minute*
(I just left-a minute ago)

Je viens de sortir	I just left(went out)
Tu viens de sortir	You just left
Il vient de sortir	He/it just left
Elle vient de sortir	She/it just left
Nous venons de sortir	We just left
Vous venez de sortir	You just left
Ils viennent de sortir	They(m) just left
Elles viennent de sortir	They(f) just left

Les phrases avec le passé récent: **Sentences with 'the recent past'**

1. *Je viens de parler à mes étudients parce qu'ils sont toujours en retard.*
   I just spoke to my students because they are always late
2. *Il vient d'écrire à ses amis de Paris, les Duponts.*
   He just wrote to his friends from Paris,the Duponts.
3. *Vous venez de retenir nos chambres à l'hôtel Neufchatel mais nous ne venons pas. (retenir= to book,retain)*
   You just booked our rooms at the Neufchatel Hotel but we are not coming.

L'imparfait de l'indicatif. Son emploi.Les verbes 'connaître' et 'savoir'

(Employment of the Imperfect of the Indicative tense; the verbs *'connaître'* & *'savoir'*)

The 'imperfect' is a past tense of the indicative mood which denotes:

(*a*) What was going on in the past for an indefinite period; *For example:*

The enemies were occupying a part of France *(for an indefinite period)*

Les ennemis occup**aient** une partie de la France.

(*b*) What used to happen in the past; *For example:*

She used to help (would help) her mother(it used to happen).

Elle aid**ait** sa mère.

(*c*) What continued to happen in the past; *For example:*

She often played (it happened repeatedly).

Elle jou**ait** souvent.

The imperfect is formed by adding the endings—**ais,—ais,—ait,—ions,—iez,—aient** to the verb stem.

<u>Indicatif présent de connaître</u> (to know, to be acquainted with)

I know I am knowing, I do know, etc.	**We know ,we are knowing, we do know, etc.**
Je connais	Nous connaisons
Tu connais	Vous connaisez
Il connaît	Ils connaissent
Elle connaît	Elles connaissent

Passé composé: *J'ai connu,etc.* I knew, I have known etc.

Futur: *Je connaîtrai,etc.* I shall know etc.

Observe and note the connection between *'connaître'* and *'savoir'*:

1. Je connais ce monsieur, mais je ne sais pas son nom.
   I know(am acquainted with) that gentleman,but I do not know his name.
2. Je connais cette fleur, mais je ne sais pas comment elle s'appelle.

   I know(am familiar with)that flower, but I do not know what it is called.
3. Je connais l'Inde et je sais les indiens.
   I know India and I know (have knowledge of)the Indians.

<u>Imparfait de l'indicatif de 'donner', 'finir' et 'entendre':</u>

Donner (to give)	**Finir (to finish)**
I gave , I was giving ,	*I finished, I was finishing,*
I used to give etc.	I used to finish etc.
Je donn**ais**	Je finiss**ais**
Tu donn**ais**	Tu finiss**ais**

Il donn**ait**	Il finnis**sait**
Elle donn**ait**	Elle finiss**ait**
Nous donn**ions**	Nous finiss**ions**
Vous donn**iez**	Vous finiss**iez**
Ils donn**aient**	Ils finiss**aient**
Elles donn**aient**	Elles finiss**aient**

Entendre (to hear)
I heard, I was hearing,
I used to hear,etc)

J'entend**ais**
Tu entend**ais**
Il entend**ait**
Elle enrend**ait**

Nous entend**ions**
Vous entend**iez**
Ils entend**aient**
Elles entend**aient**

Note: *(i) Observe that in the endings **–ais,—ait,—aient**, there is exactly the same sound in the pronunciation.*

*(ii) The stem of the imperfect is formed by dropping the endings '**—ons**' of the first person plural,present indicative as follows:*

Infinitive	**1st person (present) plural**	**imperfect**
étudier :to study	nous etudi ons	j'etudi ais
aller: to go	nous all ons	j'all ais
punir: to punish	nous puniss ons	je puniss ais
venir : to come	nous ven ons	je ven ais
prendre: to take	nous pren ons	je pren ais

dire : to say	nous dis ons	je dis ais
voir : to see	nous voy ons	je voy ais
avoir : to have	nous av ons	j'av ais

Note carefully - *the conjugation of the imperfect of* ***'étudier'*** *- (to study)*

J'étudiais	I studied, I was studying, I used to study
Tu étudiais	You studied, you were studying, you used to study
Il étudiait	He/ it studied, he/it was studying, he/it used to study
Elle étudiait	She/it studied, she/it was studying, she/it used to study
*Nous étud**iions***	We studied, we were studying, we used to study
*Vous étud**iiez***	You studied, you were studying, you used to study
*Ils étudi**aient***	They (m) studied, they were studying, they used to study
*Elles étudi**aient***	They (f) studied, they were studying, they used to study

***Être:* to be, is the only verb that does not conform to this rule. Let us conjugate and see for ourselves:**

Imparfait de *être*, to be:

I was, I used to be, etc.	**We were, we used to be etc.**
J'étais	Nous étions
Tu étais	Vous étiez
Il était	Ils étaient
Elle était	Elles étaient

***Imparfait de 'commencer'* (to begin); *et 'manger'* (to eat):**

I began, I was beginning, I used to begin, etc.	**I ate, I was eating, I used to eat, etc.**
Je commençais	Je mangeais
Tu commençais	Tu mangeais
Il commençait	Il mangeiat
Elle commençait	Elle mangeiat
Nous **commencions**	Nous **mangions**
Vous **commenciez**	Vous **mangiez**
Ils commençaient	Ils mangeaient
Elles començaient	Elles mangeaient

Note: *There are orthographic changes occuring in the impefect of verbs ending in–cer and–ger. See the highlighted parts above.*

***Emploi de l'imparfait* (Employing the imperfect tense)**

***Exemples* (examples):**

Elle demurait dans un village.	She was living in a village.
Elle gardait les moutons.	She used to tend the sheep.
Elle balayait la maison.	She swept the house.

***L'exercise:* (Exercise)**

A. *Remplacez les tirets par les formes correctes de 'connaître' ou 'savoir':*

(Replace the dashes with the correct form of *'connaître'* or *'savoir'*)

1. Je.................votre frère.
2. Il ne me ....pas.
3. Je....................où il demure.
4. Est-ce qu'il vous...................?
5. Est-ce que vous........................Paris?

6. Nous .... que Paris est une belle ville.
7. Mes parents...................... la France.
8. Ils........................tous les pays.
9. Ils .... beaucoup de langues.
10. Moi, je ne....................... rien.

B. *Écrivez les phrases suivantes à l'imparfait:*
(Write the following sentences in the impefect tense)

1. Je sais les noms de tous les arbres et toutes les fleurs.
2. Tous les voisins me connaissent
3. Je joue souvent avec mes amis.
4. Nous bouvons de l'eau minérale.
5. Quand je suis dans le restaurant, je mange beaucoup de fruits.

Leçon - 6

FUTUR DES VERBES RÉGULIERS. FUTUR DES VERBES PARLER, AVOIR, SAVOIR, ÊTRE ET FAIRE. PRÉSENT DE SAVOIR:

(Future tense of regular verbs. Future tense of verbs- parler, avoir, savoir, être and faire. Present tense of the verb 'savoir'.)

*To form the future of regular verbs , the endings–**ai**, –**as**, –**a**, –**ons**, –**ez**, -**ont** are added to the infinitive. Observe that the final –**e** of verbs ending in –**re** is dropped before the future endings:*

Infinitive	*Future indicative*	*English meaning*
Parler	Je parlerai	I shall speak
	Tu parleras	You shall speak
	Il parlera	He/it shall speak
	Elle Parlera	She/it shall speak
	Nous parlerons	We shall speak
	Vous parlerez	You shall speak
	Ils parleront	They(m) shall speak
	Elles parleront	They(f) shall speak
Avoir	J'aurai	I shall have
	Tu auras	You shall have

	Il aura	He/it shall have
	Elle aura	She/it shall have
	Nous aurons	We shall have
	Vous aurez	You shall have
	Ils auront	They(m)shall have
	Elles auront	They(f) shall have
Être	Je serai	I shall be
	Tu seras	You shall be
	Il sera	He/it shall be
	Elle sera	She/it shall be
	Nous serons	We shall be
	Vous serez	You shall be
	Ils seront	They(m) shall be
	Elles seront	They(f) shall be
Savoir	Je saurai	I shall know
	Tu sauras	You shall know
	Il saura	He/it shall know
	Elle saura	She/it shall know
	Nous saurons	We shall know
	Vous saurez	You shall know
	Ils saurent	They(m) shall know
	Elles saurent	They(f) shall know
Faire	Je ferai	I shall do
	Tu feras	You shall do
	Il fera	He/it shall do
	Elle fera	She/it shall do
	Nous ferons	We shall do
	Vous ferez	You shall do
	Ils feront	They(m) shall do
	Elles feront	They(f) shall do

***Présent indicatif de savoir* (to know)**

Je sais	I know,I do know
Tu sais	You know, you do know
Il sait	He/it knows,etc
Elle sait	She/it knows, etc.
Nous savons	We know etc.
Vous savez	You know etc.
Ils savent	They(m) know etc.
Elles savent	They(f) know etc.

***Passé composé: J'ai su* : I knew, I have known , etc.**

***<u>Conversation between Louis and Marie</u>: Lisez et Répondez aux questions* : (Read and answer the questions):**

Louis : Est-ce que vous sortirez ce soir Marie?

Marie : Non,Louis, je ne sortirai pas.

Louis : Alors, qu'est-ce que vous ferez?

Marie : Je resterai à la maison, et j' écrirai une lettre.

Louis : A qui écrirez-vous?

Marie : J' écrirai à ma cousine de Bombay.

Louis : Qu'est-ce que vous lui direz?

Marie : Je lui direz que l'anniversaire de ma naissance aura lieu le mois prochain.Comme cela elle n'oubliera pas.

Louis : Quel cadeau lui demanderez-vous?

Marie : Je ne lui demanderai rien.Je ne serai pas si bête.Je lui dirai seulement que j'aime beaucoup les mouchoirs brodés.Ces mouchoirs seront à la mode cet hiver.Toutes les jeunes filles élégantes en auront. Ma cousine comprendra très bien. Et vous Louis, qu'est-ce que vous ferez ce soir?

Louis	:	Je ne sais pas encore, mais je saurai bientôt. Quand mon père rentera,je lui demanderai de l'argent. S'il ne m'en donne pas, je resterai aussi à la maison.

***Vocabulaire*: (Vocabulary)**

Oublier	To forget	un anneversaire	an anniversary
Savoir	To know	le cadeau	the gift, present
Demander	To ask	le mouchoir	the hankerchief
Sortir	To go out	la naissance	the birth
Compr-endre	To understand	la raison	the reason
Rester	To stay	brodé(e)	embroidered
Avoir lieu	To take place	prochain(e)	next
Je sais	I know		

l'anniversaire de ma naissance	:	my birthday
Mon anniversaire à moi	:	my own birthday
Comme cela	:	that way

Questions:

1. Est-ce que Marie sortira ce soir?
2. Est-qu'elle restera chez elle?
3. Qu'est-ce qu'elle fera?
4. A qui écrira –t-elle?
5. Est-ce qu'elle lui demandera un cadeau?
6. Qu'est-ce qu'elle lui dira?
7. Qu'est-ce qui sera à la mode?
8. Est-ce que sa cousine comprendra?
9. Et Louis, qu'est-ce qu'il fera?

Grammaire: Futur des verbes réguliers:

Donner	Je donnerai	I shall give
	Tu donneras	You shall give
	Il donnera	He/it shall give
	Elle donnera	She/it shall give
	Nous donnerons	We shall give
	Vous donnerez	You shall give
	Ils donnerent	They(m) shall give
	Elles donnerent	They(f) shall give
Finir	Je finirai	I shall finish
	Tu finiras	You shall finish
	Il finira	He/it shall finish
	Elle finira	She/it shall finish
	Nous finirons	We shall finish
	Vous finirez	You shall finish
	Ils finiront	They(m) shall finish
	Elles finiront	They(f) shall finish
Entendre	J'entenderai	I shall hear
	Tu entenderas	You shall hear
	Il entendera	He/it shall hear
	Elle entendera	She/it shall hear
	Nous entendrons	We shall hear
	Vous entenderez	You shall hear
	Ils entenderont	They(m) shall hear
	Elles entendront	They(f) shall hear

***Emploi de futur*: (Employing the future tense)**

A:

1. *Je finirai mon travail ce soir*	I shall finish my work this evening
2. *Quand il rentera, je lui parlerai*	When he gets home, I shall speak to him.

Note: *The future is used as in English. But it must also be used when future time is implied after* ***'quand'***, ***'lorsque'*** *(when),* ***'aussitôt que'***, ***'dès que'*** *(as soon as).*

B.

1. Vous lui donnerez ceci	You will give him this.
2. Ils ne passeront pas	They shall not (will not) pass.
3. Tu ne tueras pas	Thou shalt not kill. (verb **tuer**-to kill)

Note:

(a) *The differences expressed in English by 'shall' and 'will' do not exist in French.*

(b) *The future endings are the same for all French verbs. Some irregular verbs, such as* ***'faire'***, ***'avoir'***, ***'savoir'*** *and* ***'être'***, *do not form their future from the regular infinitive, but most of them do. Thus : dire =* ***dirai***; *écrire=* ***écrirai***; *lire=***lirai**; *partir=***partirai**; *sortir=***sortirai**.

Devoirs:

***Écrivez au futur*: (Write the future tense)**

Example: je mange : je mangerai

1. Ils vendent
2. Ils choissent

3. Elle entend
4. Je n'ai pas
5. Je m'habille
6. Est-ce qu'il regarde?
7. Elles prennent
8. Vous oubliez
9. Je travaille
10. Ils montrent
11. Je perds
12. Il ne comprend pas

Spelling changes of verbs ***(verbes à changements orthopgraphiques):***

1. ***Amener*: to bring along**

Présent	***Futur***
I bring etc.	**I shall bring etc.**
J'amène	*j'amènerai*
Tu amènes	*tu amèneras*
Il amène	*il amènera*
Elle amène	*elle amènera*
Nous amenons	*nous amènerons*
Vous amenez	*vous amènerez*
Ils amenent	*ils amèneront*
Elles amènent	*elles amèneront*

Note:

(*a*) *Conjugated like amener are:* ***mener****-to lead, take (to a place);* ***emmener*** *-to take along* ***se promener****-to take a walk.*

(*b*) *Verbs having a mute 'e' in the stem vowel, such as amener (to bring along), lever (to raise) change* **'e'** *to* **'è'** *before the silent 'e' throughout the conjugation.*

2. *Appeler* – **to call**

Présent	***Futur***
I call, etc.	**I shall call, etc.**
J'appelle	*j'appellerai*
Tu appelles	*tu appelleras*
Il appelle	*il appellera*
Elle appelle	*elle appellera*
Nous appelons	*nous appellerons*
Vous appelez	*vous appellerez*
Ils appellent	*ils appelleront*
Elles appellent	*elles appelleront*

Note:

(*a*) *Conjugated like* **appeller** *are:* **se rappeler**-*to recall, remember.*

(*b*) *In most verbs in*-**eler** *or*–**eter**, *like* **appeler**-*to call;* ***jeter***-*to throw,* The sound of **'è'** is indicated by doubling the **'l'** or **'t'** before the *silent* **'e'**. *Observe, however,* ***acheter***-to buy *is-j'achète,tu achètes etc.*

3. ***Répéter***-**to repeat** <u>***Espérer***- **to hope**</u>

Présent	***futur***	***présent***	***futur***
Je répète (*I repeat*)	*je répéterai* (*I shall repeat*)	*j'espère* (*I hope*)	*j'espérerai* (*I shall hope*)
Nous répétons	*nous répéte-rons*	*nous espérons*	*nous espérons*
(*We repeat*)	(*We shall repeat*)	(*We hope*)	(*We shall hope*)

Note:

*(a) Verbs having the stem vowel **'é'**, as répéter(to repeat), espérer (to hope), change **é** to **è** only before the final endings*

4. *Nettoyer*–to clean **Essuyer–to wipe**

Je nettoie (I clean)	*Je nettoierai (I shall clean)*	*J'essuie (I wipe)*	*J'essuierai (I shall wipe)*
Nous nettoyons (We clean)	*Nous nettoierons (We shall clean)*	*Nous essuyons (We wipe)*	*Nous essuierons (We shall wipe)*

Note:

(i) Verbs in –oyer, and –uyer, such as nettoyer(to clean) and essuyer (to wipe), replace 'y' by 'i' before a silent 'e' throughout the conjugation.

(ii) Verbs in –ayer and –eyer generally keep the 'y'. Example: Balayer(to sweep)

Futur de '*aller*' (to go) ; '*venir*' (to come) ; '*tenir*' (to hold)

Aller:

J'irai	*I shall go*
Tu iras	*You shall go*
Il ira	*He/it shall go*
Elle ira	*She/it shall go*
Nous irons	*We shall go*
Vous irez	*You shall go*
Ils iront	*They(m) shall go*
Elles iront	*They(f) shall go*

Venir:

Je viendrai	*I shall come*

Tu viendras	*You shall come*
Il viendra	*He/it shall come*
Elle viendra	*She /it shall come*
Nous viendrons	*We shall come*
Vous viendrez	*You shall come*
Ils viendront	*They(m) shall come*
Elles viendront	*They(f) shall come*

Tenir

Je tiendrai	*I shall hold*
Tu tiendras	*You shall hold*
Il tiendra	*He/it shall hold*
Elle tiendra	*She/it shall hold*
Nous tiendrons	*We shall hold*
Vous tiendrez	*You shall hold*
Ils tiendront	*They(m) shall hold*
Elles tiendront	*They(f) shall hold*

***Présent de recevoir* (to receive) (*Present tense of 'recevoir'* - to receive)**

Je reçois	*I receive, I am receiving, I do receive*
Tu reçois	*You receive, you are receiving, you do receive*
Il reçoit	*He/it receives, he/it is receiving, he/ it do receive*
Elle reçoit	*She /it receives, she/it is receiving, she/it does receive*
Nous recevons	*We receive, we are receiving, we do receive*

Vous recevez	*You receive, you are receiving, you do receive*
Ils reçoivent	*They(m) receive, they are receiving, they do receive*
Elles reçoivent	*They(f)receive, they are receiving, they do receive*

Passé composé: J'ai reçu(I received)

Futur	*Je recevais etc. (I shall receive etc)*

Other examples of past participles formed from–*oir* ending verbs:

Voir (to see)	*vu* (seen)
Pouvoir (to be able)	*pu* (been able)
Savoir (to know)	*su*(known)

***Devoirs:* (exercises)**

1. Mettez les verbes des phrases suivantes au futur:

Exemple:* *Il a une voiture. ***Il aura une voiture.***

(*a*) Êtes vous à la maison?

(*b*) Je vais chez moi.

(*c*) Qui vient avec vous?

(*d*) Nous nettoyons notre chambre.

(*e*) Elle jette tous les papiers.

(*f*) Quand commençons -nous notre travail?

(*g*) Est-ce que vous ne venez pas?

2. *Traduisez:* (Translate)

(*a*) My Father shall arrive tomorrow.

(*b*) He will take me to London.

(*c*) My mother and sister shall not come with us.

(*d*) My Brother will give me a present tomorrow.

(*e*) She will be sixteen years old on 25th July.

(*f*) He will buy one dozen neck-ties.

La nouvelle de la vacance **(The news of the holiday)**

This lesson and the following one(le taxi) is tourism oriented with new vocabulary and concentrates on the Capital of France, Paris.The family 'Viera' will be traveling to France.It gives the reader an insight into important monuments and sights of Paris.

Please read, check meanings in the vocabulary index at the end of the lesson and translate the passage into English. Notice the verbs in the future tense.

Traduisez **(translate)**

Paris est une très grande ville. Elle a quatre millions cinq cent habitants. La capitale de la France est aussi le centre intellectual et artistique de l'Europe. Beaucoup d'artistes et d' écrivains demeurent à Paris.Dans cette ville il y a des monuments célèbres.L' église Notre –Dame est une très belle cathédrale. Le Louvre est une musée immence où il y a des tableaux et des statues manifiques.Les rues de Paris sont très pittoresque. L'avenue des Champs –Élysées est la plus belle avenue du monde.Il y a aussi des boulevards très intréssants, des parcs et des jardins, comme le Jardin de Luxembourg, le Jardin des Tuileries, etc.

L'Université de Paris fondée au treizième siècle est très célèbre. C'est l'université de la Sorbonne . Elle a plus de vingt mille étudiants. Elle est située dans le Quartier Latin.

Dans la maison de Veronique et François Viera, les enfants attendent leur père. Après quelequefois, on sonne…

"C'est papa!" dit la petite fille Denise, et vite elle ouvre la porte.

Son père entre le salon. "Écoutez mes enfants, j'apporte une grande nouvelle.Nous partirons dans un mois pour la France. Je serai le vendeur de ma compagnie."

Les enfants sont contents! "Voyagerons-nous en avion ou en bateau?" demande Thomas.

"Visiterons-nous la tour Eiffel et Noure-Dame?"

—"Et le petit chat" dit Denise, " partira-t-il aussi?"

Madame Veronique Viera regarde son mari." François,vous avez faim,n'est-ce pas? A table mes enfants. Nous parlerons de ce grand voyage pendant le dîner."

A table monsieur Viera dit à sa femme: "J'ai visité beaucoup de grandes villes. J'ai été à Caire, à Londres, et à New-York. Je suis content de passer quelques années en France. Vous visiterez avec moi ce beau pays. C'est la vieille patrie de beaucoup de Canadiens."

Vocabulaire: **(Vocabulary)**

Fonder	To found, institute
Ouvrir	To open
Partir	To depart,leave
Passer	To pass
Situer	To locate, situate
Sonner	To ring (a bell)
Visiter	To visit
Voyager	To travel
La ville	The city
Habitants	Residents,inhabitants
Le monument	Monument
Célèbre	Celebrated, famous
Le tableau	Picture, painting
Pittoresque	Picturesque, graphic,pictorial
La statue	Statue

La cathédrale	Cathedral
La musée	Museum
Immence	Big,huge
La rue	The road
Le boulevard	Boulevard (a broad city avenue often planted with trees)
Le parc	Park
Magnifique	Magnificent,splendid
Une grande nouvelle	Great news
Comme	Like
Siècle	Century
Vite	Quickly
Le vendeur	Salesman
La compagnie	Company
L'avion	Plane
Le bateau	Boat
Le Caire	Cairo (Egypt)
Londres	London (England)
Avoir faim	To be hungry
Pendant	While, during
Quelques années	Some years
Le pays	The country
La patrie	Native country
Beau	Beautiful
Beaucoup d'artistes et d' écrivains	: Many artistists and writers.
Centre intellectual et artistique	: Intellectual and artistic centre

Le Taxi
(The taxi)

The imperative of verbs are practiced in this lesson : the scene is 'Paris' with Pierre and Valerie Cosette doing the rounds of some of the famous sights of Paris. The passage is written in the past tense. Check the vocabulary index at the end of the lesson to help in the translation.

Lisez et traduisez: **(Read and translate)**

A l'aéroport 'Charles de Gaulle', Valerie et son mari Pierre Cosette a pris un taxi. "Hé! chauffeur! **Conduissez-nous** à l'hôtel Meredien, près de le Louvre" Pierre a dit au chauffeur. "**Passez** par la place de la Concorde, s'il vous plaît",il a ajoué.

Dans le taxi, Valeri et Pierre a regardé la rue de la gare qui a été étroite et plein de voitures. Mes les autos et les voitures ne font pas beaucoup de bruit.

Le taxi a passé devant l'église de la Madeleine , le Pont Neuf et a arrivé à la place de la Concorde.

"**Regardez**, Valerie , la tour Eiffel", monsieur Cosette a dit. Valerie a vu la tour Eiffel, haute et noire. Le taxi a passé sur le quai de la Seine, il a traversé le Louvre et est s'arrêté devant l'hôtel Meredien. Le portier a salué les voyageurs. Puis il a emporté les valises dans l'hôtel.

Monsieur Cosette a demandé au chauffeur: " Combien?" Le chauffeur a regardé le compteur : "12 euros". Monsieur Cosette a payé et il a donné 2 euros de pourboire.

Le chauffeur a relevé le drapeau du compteur, et le taxi est sorti.

Vocabulaire: **(Vocbulary)**

Ajouter : To add, to join

Conduire : To drive, to conduct, to guide

Traverser	: To traverse
S'arrêter	: To stop
Saluer	: To greet
Emporter	: To carry away, take away
Relever	: To raise again, to shift again
La rue de la gare	: The Railway Station road
Étroit(e)	: Narrow
Plein	: Full
La voiture	: The car
Le bruit	: The noise
L'église	: The Church
Le quai	: The embarkment
Haute et noire	: High and black
Le portier	: The porter, bell-boy
Le voyageur	: The traveler, tourist, passenger
Les valises	: The suitcases
Le compteur	: The computer
Le pourboire	: The tip, gratuity
Le drapeau	: The flag
L'aéroport Charles de Gaulle	: The Charles de Gaulle airport.
Hé ! Chauffeur !	: Hey! Driver !

Leçon - 7

LE FUTUR PROCHE

(Near Future Tense)

*The near future is derived from the verb **'aller'** in the present tense followed by the infinitive of another verb. For example:*

Je partirai (Le futur) I shall leave (Future)

Mais (But)

*Je **vais** partir* I am going to leave ***(le futur proche)***

*Négatif: Je ne **vais** pas partir* : I am not going to leave

Sentences with '*futur proche*':

1. Je **vais placer** mes vetements dans la malle.
   I am going to place my garments in the trunk.
2. Il **va apporter** nos manteaux d'hiver à l'hôtel.
   He is going to bring our winter coats to the hotel.
3. Au restaurant, **nous allons boire** du vin ou du champagne.
   At the restaurant we are going to drink some wine or some champagne.
4. Je **vais annoncer** que nous sommes arrivés.
   I am going to announce that we have arrived.
5. Elle **va attendre** ici pour quatre heures.
   She is going to wait here for four hours.
6. Je **vais être** corrospondant du ' Paris aujourd'hui'.
   I am going to be correspondent of the 'Paris Today'.

Discussing vacation plans; Conversation; *Futur proche.*

Alain	:	*Partez-vous en vacance?* Are you going on vacation?
Thomas	:	*Non, pas encore; je vais chez mon cousin pour une semaine.* No, not yet; I am going to my cousin's house for a week.
Alain	:	*Vous avez de la chance! Il fait si chaud à Delhi cet été. Où habite votre cousin?* How lucky you are! It is so hot in Delhi this summer. Where does your cousin live?
Thomas	:	*Il habite dans une vieille maison .Et vous? vous allez partir cet été?* He lives in an old house. And you, are you going away this summer?
Alain	:	*Non, je vais prendre mes vacances dans les hautes Himalayas en octobre.* No, I'm going to take my vacation in the high Himalayas in October.
Thomas	:	*Il fait froid en Himalayas à cette saison?* It's cold in the Himalayas during this season?
Alain	:	*Parfois il pleut !Mais j'adore les montagnes à toute les saisons. Et Vous, quand partez-vous?* Sometimes it rains! But I love the mountains during any season. And you , when are you going away?
Thomas	:	*Nous allons voyager à Cochin en novembre et à Goa en mars.* We are going to travel to Cochin in November and to Goa in March.

Alain : *Vous n'avez pas peur de la chaleur?*
You are not afraid of the heat?

Thomas : *Personnellement je préfère la neige, les sports d'hiver, ...mais ma femme déteste le froid et adore le soleil.*
Personally, I prefer the snow, winter sports...but my wife hates the cold and loves the sun.

Alain : *Bon, j'espère que vous allez passer un bon vacances!*
Well, I hope you are going to have a great holiday!

Thomas : *Merci . À la semaine prochaine.*
Thank you. See you next week .

Note:

(i) ***'Vacances'** is always plural in French. **'Partir en vacances'** is **'to leave on vacation'**, or **'to go away on vacation'**. **'être en vacances'** is to **'be on vacation'**.*

(ii) ***"To be lucky"** is translated as **'avoir de la chance'**. **'Vous avez de la chance!'** means **'you are lucky!'** or **' how lucky you are!'***

(iii) *Just as in English ,the near future can be expressed in French with the verb **'aller'** plus an infinitive. **'Vous allez partir cet été ?'** means **'are you going away this summer?'** Near future is **"le futur proche"**.*

<u>L' exercice:</u> (Exercise)

1. Conjuguez les verbes : lire la leçon, écrire une lettre, boire un whisky:

(*a*) au présent (*b*) au passé composé

(*c*) au passé récent (*d*) au futur

(e) au futur proche.

(Conjugate the verbs: to read a lesson, to write a letter, to drink a whisky :

(*a*) in the present tense (*b*) in the past composite tense
(*c*) in the recent past (*d*) in the future tense
(*e*) in the near future tense.)

Example: prendre un cadeau **(to take a gift)**

Au présent: Je prends un cadeau, tu prends un cadeau etc.

Au passé composé: J'ai pris un cadeau, tu a pris un cadeau etc.

Au passé récent: Je viens de prendre un cadeau etc.

Au futur: Je prenderai un cadeau, tu prenderas un cadeau etc.

Au futur proche:Je vais prendre un cadeau, tu vas prendre un cadeau etc.

La Cuisine Française
(French Food)

The French have out-done themselves in the culinary arts. Famous chefs de cuisines like 'Escoffier' and 'Larousse' have emerged to fame from that country, making French Food as popular as it is today, featuring in almost every restaurant's 'continental' menu. The names and interpretation of the French dishes add flair and charm to a menu. In the words of Escoffier, *"faites simple"* was all he said when asked the secret of his success! (Make it simple!)

Lisez et traduisez: **(Read & translate)**

Les français aiment à bien vivre. Ils font trois repas par jour: le petit déjeuner du matin, le déjeuner de onze heures à midi, et le dîner de six heures à sept heures. Le matin, ils ne prennent pas généralment qu'une tasse de café au lait avec un morceau de pain

En France on mange de la viande et du poisson comme dans tous les pays, mais on mange aussi beaucoup de légumes et beaucoup de pain. Le pain français est délicieux. Les Français boivent généralment du vin à leurs repas. Le vin français a peu d'alcool.

La cuisine française est célèbre dans le monde entier.Tous les grands hôtels emploient des cuisiniers français.Dans tous les restaurants de première classe ,la carte du jour est en français.

Vocabulaire: **(Vocabulary)**

Boire	To drink
Employer	To use
Faire	To do
Vivre	To live
Généralment	Generally
Un morceau de pain	A piece of bread
Tous les pays	All the countries
Delicieux	Delicious
Peu d'alcool	A little alcohol
Le monde entier	The entire world
Le cuisinier	Cook
La carte du jour	Menu

Carte du jour

(Menu)

POTAGES

Consommé de vollaille	Purée de haricots aux croûtons.
(Chicken Consommé)	(Cream of beans with croutons.)

HORS-D'OEUVRE

Huîtres d'Ostende en coquille (*Ostende oysters on half shell)*

Olives (Olives)

Céleri Celery)

POISSON

Filet de sole (*Filet of sole)*

Homard mayonnaise (*Lobster with mayonnaise)*

ENTRÉES

Omelette aux champignons (*Mushroom Omelet)*

Pigeon aux petit pois (*Pigeon and green peas)*

RÔTIS

Poulet, pommes nouvelles (*Chicken with new potatoes)*

Rosbif au jus (*Roast beef with gravy)*

LÉGUMES

Pommes de terre frites (*Fried potatoes)*

Choux-fleur, sauce blanche (*Cauliflower with white sauce)*

SALADE

Laitue, sauce mayonnaise (*Lettuce with mayonnaise)*

Tomates au persil (*Tomatoes with parslay)*

DESSERT

Crème fouettée aux fruits (*Whipped cream with fruits)*

Compote de pommes (*Apple compote)*

BOISSONS

Vin (Wine)

Bière (Beer)

Café (Coffee)

L'exercise (I) ***composition écrite:*** **(Written Composition) (Exercise) (I)**

Faites une comparaison entre la cuisine française et celle de votre pays (L'Inde). Les mots importants sont: manger, boire, la viande, les légumes, le pain, la boisson, le thé, le café, le lait, l'eau.

[Do a comparison between French food and food from your country(India). The important words are: to eat, to drink, meat, vegetables, bread, beverages, tea, coffee, milk, water.]

(II) Étudiez la carte du jour et faites votre choix pour un repas complet.

[Study the menu and make your choice for a complete meal.]

***Le cuisinier fait la cuisine*: The cook is making food**

***Il fait bien la cuisine*: He cooks food well !**

***Il y a un épuiser, des verres sur le plateau, et des articles de cuisine*: There is an exhaust, glasses on the tray and cooking utensils.**

***Les sports en france:* (Sports in France)**

The French have a great liking for sports as can be seen from their football escapades in the European and World Cup championships. The following passage tells you about their gaming instincts ; check the vocabulary index at the end of the lesson to understand new words and meanings.

Lisez et comprenez: Répondez aux questions:
(Read & understand,then answer the questions)

Les Français cultivent beaucoup le sports, surtout depuis la guerre.Presque tous les jeunes gens font partie d'une société sportive ou athlétique. Sous l'influence de l'Angleterre et de l'Amérique, la culture physique occupe maintenent une place importante dans les écoles et dans la vie françaises.

Les jeunes gens jouent au football, au tennis, et les autre sports. Dans les lycées on apprend sourtout la boxe et l'escrime. Le base-ball, le jeu américain par excellence ,est peu connu en France comme dans les autres pays d'Europe.

Les jeunes filles françaises s'excercent aussi à toutes sortes de jeux athlétiques et de sports. Elles sont particulièrement habiles au tennis.

En France, on ne cultive pas les sports pour la glorie d'un lycée ou d'une université, mais dans l'intérêt personnel des jeunes gens et des jeunes filles.

***Les questions orales*: (Oral questions)**

(*a*) A quels jeux jouent les jeunes gens?

(*b*) Est-ce qu'on joue au base-ball en France?

(*c*) Quels sont les sports pour les jeunes filles?

(*d*) Pourquoi cultive-t-on les sports en France?

***Vocabulaire*: (Vocabulary)**

Apprendre	: To learn
Cultiver	: To cultivate
S'excercer	: To exercise, to train, (oneself)
Occuper	: To occupy.
La guerre	: The war
Presque	: (adv.) almost, nearly.

Les gens	: The people
Partie	: Party
Depuis	: Since
Surtout	: Especially, principally
Société sportive	: Sports society.
Athéletique	: Athletics.
Sous l'influence de	: Under the influence of.
Angleterre	: England.
Amérique	: America.
La vie français	: The French life.
La boxe et l'escrime	: Boxing and Fencing
Est peu connu	: Is little known (verb connaître: to know)
Le paye	: The country
La sorte	: The sort, the kind.
Les jeux	: The games (Plural of le jeu-the game).
Particulièrement	: Particularly, specially.
Habiles	: Skilful, artful, clever.
La glorie	: The glory.
Intérêt personnel	: Personal interest.

Leçon - 8

THE BED ROOM

Dialogue: 'La chambre à coucher' (Conversation- Bed room)

Dans la chambre à coucher, il y a un bureau, un lit, des canapés, un fauteuil,deux lampes, un miroir sur le mur, trios images, des rideaux, un refrigerateur, deux verres avec une serviette,deux stylos avec du papier, un petit tapis ,une armoire,une table de nuit,et une télévision .

Vocabulaire:

un bureau	: a writing desk
un lit	: a bed
un canape	: a couch, sofa
un fauteuil	: an armchair
une lampe	: a lamp
un miroir	: a mirror
un rideau	: a curtain
un tapis	: a carpet
une armoire	: a cupboard.
une table de nuit	: a side- table

Madame Claire et sa fille Marie-Rose prennent l'escalier au premier étage de l'hôtel car l'hôtel n'a pas d'ascenceur.

Mrs Claire and her daughter Marie-Rose take the stairs to the first floor of the hotel as the hotel does not have a lift.

Dans la chambre à coucher , Marie-Rose a dit à sa mère…

In the bedroom, Marie-Rose said to her Mother...

Marie-Rose– Maman, Il y a seulment un lit ici. Comment coucherons-nous?

Mummy, there is only one bed here. How shall we sleep?

Mme.Claire– Quand vous vous coucherez, je demanderai un matelas , un drap et un oreiller. Ça va?

When you sleep, I shall ask for a mattress, a sheet and a pillow. Okay?

Marie-Rose– Mais non, maman !Je voudrais coucher avec vous.

But no Mummy! I would like(wish) to sleep with you.

Mme. Claire– Si vous voulez! Maintenent, ouvrez la mallette et enlevez tes pyjamas. Enlevez aussi le pardessus, les robes et les pantalons et placez les vêtements dans l' armoire. N'oublie rien.

If you like. Now , open the suitcase and remove your pyjamas. Also remove the overcoat, the frocks and the trousers and place the garments in the cupboard.Don't forget anything.

Marie-Rose– Maman, J'ai faim! Je veux manger quelquechose maintenent.

Mummy. I'm hungry! I would like to eat something now.

Mme. Claire– Il y a des pêches , deux bananes, et des prunes dans le panier sur la table de nuit. Prenez-les. Après, nous placerons une ordre.

There are peaches, two bananas, and some plums in the basket on the side table. Take them. After (later), we shall place an order.

Où est mon habit?

Where is my dress?

Marie-Rose– Je n' ai pas trouvé ton habit dans la malette maman. Peut-être, vous avez l' oublié? Mais je chercherai encore.

Voilà ! Je l'ai trouvé !

I have not found your dress in the suitcase mummy, Perhaps, you have forgotten it? But I shall search again.

There ! I found it !

Mme. Claire- Avez –vous sommeil ? A quelle heure tu te couches ? Il faut que tu te lèves à six heures du matin.

Are you sleepy? What time will you sleep? It's necessary to get up at six o'clock in the morning.

Marie-Rose- Alors, je vais manger des fruits et je me couche. Le petit déjeuner sera un repas par excellence dans le restaurant. Bonne nuit maman!

So, I am going to eat some fruits and sleep. Breakfast shall be an excellent meal in the restaurant. Good night, Mummy!

Mme. Claire- Marie-Rose, n'oblie pas de brosser tes dents.

Marie-Rose, don't forget to brush your teeth.

Marie-Rose– Je me brosse avec ma brosse à dents et je me peigne avec un peigne. Merci !

I will brush with a tooth-brush and comb with a comb. Thank you!

***La chambre* (The Room)**

C'est une image d'une chambre avec deux lits:
This is a picture of a room with two beds:

Qu'est-ce qu'il y a dans l'image?
What is there in the picture?

Il y a deux lits, une televiseur, et une image sur le mur.
There are two beds, a television, and a picture on the wall.

Regardez bien ! C'est tout?
Look carefully(well), is it all?

Non, Ce n'est pas tout. Il y a aussi une vase des fleurs sur la table de nuit et des coverts sur les lits; devant la fenêtre il y a un rideau.
No, it's not all. There is also a flower vase on the side table,and covers on the beds; in front of the window there is a curtain.

L'appartment de monsieur Boni- Le futur (Future tense) (Mr Boni's appartment)

***Lisez et Traduisez*: (Read & Translate)**

Nous allons visiter le nouvel appartment de monsieur et madame Boni. Cette une belle maison de trois étages, près du fleuve ,'Sone'.

Nous monterons au troisième. Nous frapperons à la porte et nous l'ouvrirons. Nous entrerons dans un salon large et clair. Nous regarderons l'emplacement de la cuisine et la salle à manger, la chambre à coucher et la salle de bains.

Madame Boni aimera la salle à manger de l'appartment, ses meubles anciens, sa vieille horloge et ses jolis tableaux de Hussain et Mitra. Mais elle aimera encore mieux sa petite cuisine. La cuisinière electrique et la cuisinière à gaz lui seront très utiles pour préparer de bons repas à son mari et ses enfants.Elle leur fera des plats français: du poulet rôti, des biftecks au poivre, des côtelettes de porc, et des tartes aux fruits.

***Vocabulaire*:**

Frapper	To knock
Ouvrir	To open
Entrer	To enter
Préparer	To prepare
Seront	Shall be (Future of verb être-to be : ils/elles seront)
Le nouvel appartment	The new apartment
Une étage	A floor
Près	Near
Le fleuve	The river

Clair	Bright
L'emplacement	The location, site
La cuisine	The kitchen
La salle à manger	The dining room
La chambre à coucher	The bed room
La salle de bains	The bathroom
Les meubles anciens	Ancient (old) furniture
Les jolis tableaux de Hussain et Mitra	The pretty paintings of Hussain & Mitra
Encore mieux	Even better
La cuisinière electrique	Electric stove
La cuisinière à gaz	Gas (cooking) stove
Utile	Useful,convenient
Bon repas	Nice (good) meals
Le mari	Husband
Les plats français	French dishes
Le poulet rôti	Roast Chicken
Le bifteck au poivre	Beef steak with pepper (Pepper Steak)
Côtelettes de porc	Pork chops
Les tartes aux fruits	Fruit tarts

IL JOUE UN JEU DE FOOTBALL!

IL LIT UN LIVRE !

Il lit un livre – He reads (is reading) a book !

(*Passé composé*: *Il a lu un livre- He read a book.)*

(Le futur: *Il lirai un livre* – He will read a book)

He plays (is playing) a game of Football
(Passé composé : *Il a joué un jeu de football-*
He played a game of Football !)
(Le futur: Il jouerai un jeu de football)
(He will play a game of football)

Leçon - 9

THE DIRECTIONS
(Names of Cardinal Points)

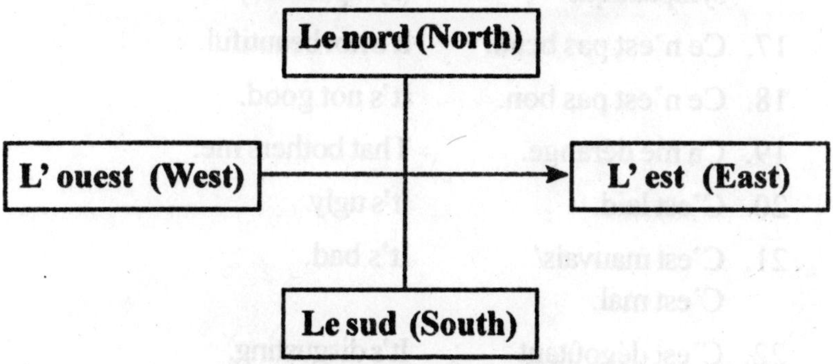

<u>Use ful expressions: I like it ! I don’t like it!</u>

1.	Je l’aime beaucoup.	I like it very much.
2.	Ça m’intéresse.	That interests me (I’m interested in it).
3.	Bon !	Good !
4.	C’est bon !	It’s good !
5.	C’est beau !	Its beautiful !
6.	C’est excellent !	It’s excellent !
7.	C’est interéssant.	It’s interesting.
8.	C’est parfait.	It’s perfect.
9.	C’est magnifique.	It’s magnificent

10.	C'est admirable.	It's admirable.
11.	C'est charmante.	It's charming.
12.	C'est superbe.	It's superb.
13.	C'est vrai.	It's true.
14.	Il est très gentil.	He is very nice.
15.	Il est très amiable.	He is very pleasant (likable)
16.	Elle n'est pas très sympathique	She is not very nice (sympathetic).
17.	Ce n'est pas beau.	It's not beautiful.
18.	Ce n'est pas bon.	It's not good.
19.	Ça me dérange.	That bothers me.
20.	C'est laid.	It's ugly.
21.	C'est mauvais/ C'est mal.	It's bad.
22.	C'est dégoûtant	It's disgusting.
23.	C'est terrible.	It's terrible.
24.	C'est ennuyeux.	It's boring.

Common Notices and Signs

Aimed to help the reader understand commonly seen signage while on a visit or holiday.

Also, signs in *French* are dealt with regard to hotels, restaurants,public areas and roads.

Avis au public	*Public notice*
Messieurs/ Hommes	*Men*
Dames	*Women*
Défense de fumer	*No Smoking*
Ouvert	*Open*

Fermé	*Closed*
Entrée	*Entrance*
Sortie	*Exit*
Sortie de secours	*Emergency exit*
Ascenseur	*Elevator*
Rez-de-chausée	*Ground floor*
Tirez	*Pull*
Poussez	*Push*
Tournez	*Turn*
Sonnez S.V.P	*Please ring*
Défense d'entrer	*Keep out*
Entrez!	*Come in*
Entrez sans frapper	*Come in without knocking*
Frappez	*Knock*
Frappez avant d'entrer	*Knock before entering*
Prière de ne pas déranger	*You are requested not to disturb*
Entrée interdite	*No admittance*
Ouvert toute la nuit	*Open all night*
Défense de cracher	*No spitting*
Essuyez-vous les pieds	*Wipe your feet*
Interdit aux piétons	*Pedestrians keep out*
Defense de pénétrer dans la propriété	*No trespassing*
Réclamations	*Complaints (dept.)*
Adressez-vous au guichet	*Apply at the window*
Bureau de change	*Money exchange*

A vendre	*For sale*
A louer	*For rent*
Appartement à louer	*Apartment for rent (unfurnished)*
Soldes	*Bargains*
Rabais	*Reductions (Discounts)*
En vente ici	*On sale here*
Vestaire	*Checkroom (for packages,coats etc. in a hotel, restaurant or café)*
Billard	*Billiard Room*
Concierge	*Janitor*
Consigne	*Cloakroom*
Tournant dangereux	*Dangerous curve*
Défense de stationer	*No Parking*
Sens unique	*One way street*
Passage à niveau	*Railroad crossing*
Halte	*Stop*
Attention	*Caution*
Passage clouté	*Pedestrian crossing*
Carrefour	*Crossroads*
Défense d'afficher	*Post no bills (don't stick posters)*
Vitesse maximum 20 km	*Maximum speed, 20 kilometers per hour*
Allure modérée	*Go slow*
Danger	*Danger*
Sens interdit	*No thoroughfare*

Arrêt facultatif	*Stop at signal*
Signal d'alarme	*Alarm signal*
Haute tension	*High voltage*
Métro	*Subway (train)*
Consigne	*Baggage room at a railway station*
Salle d'attente	*Waiting room*
Arrivée	*Arrival*
Départ	*Depature*
Quai	*Platform*
Bureau de renseignements	*Information bureau*
Bureau de postes	*Post Office*
Boîte aux lettres	*Letter box*
Commissariat de police	*Police station*
Essence	*Gas station*
Mairie	*City Hal*
Coiffeur	*Hairdresser, barbershop*
Docteur-médecin	*Physician*
Cordonnerie	*Shoe repairing*
Changement de programme	*Change of program*
Apéritifs	*Cocktails (served here)*
Table d'hôte	*Table of the host (Little choice of menu)*
Service compris	*Tip included in the price*
Buffet	*Refreshments*

Leçon - 10

LES ANIMAUX

(The Animals)

Practice of the pesent, past & future tenses with the names of common animals are included in this lesson. Read & translate the passage with the help of the vocabulary index at the end of the lesson.

Lisez et Traduisez:

C'est le dernier dimanche de février. La neige a s'arretté depuis deux jours. Michelle , Georges, Chantal et Vincent ont decidé d'aller au zoo ce dimanche. Le soleil brille et le ciel est bleu.Il est huit heures du matin.

Chantal regarde sa sœur Michelle: "Allons- nous au zoo aujourd'hui?"

Michelle a parlé à son père Vincent hier. Elle réponde: "Nous partirons à onze heures parce que ta mère est chez sa cousine maintenent. Elle arrivera après quelque fois."

A onze heures et demi la famille Vincent est arrivés au zoo .

La petite fille Chantal demande : "Papa, quels sont les animaux sauvages?"

—"La girafe avec son cou long est un animal élégant,avec sa marche légère;les éléphants avec ses trompes;les lions, les tigres, les ours,les singes,les loups sont les animaux sauvages."

—"Et les oiseaux papa? Qu'est-ce que nous voirons?" demande Georges.

—"Ce sont des pingouins, des vatours et des autruches dans ses cages .Nous les allons voir maintenent."

Le temps passe: Chantal dit à son père : "Papa, où sont les chameaux ?"

—"Les chameaux comme l'âne, le cheval,la vache,le boeuf, le porc,et le mouton sont des animaux très utiles . On ne les trouve pas dans le zoo.Ils sont les animaux domestiques. Il y a aussi des oiseaux domestiques comme le poulet,le canard,le dindon, et des oies,qui nous trouvons dans la ferme."

"Voulez-vous aller voir les serpents maintenant mes enfants," demande Vincent.

—"Mais non , nous avons peur!"

Ils ont revenue chez lui à deux heures de l'après-midi.

Vocabulaire **(Vocabulary)**

S'arreter	*To stop(oneself)*
Decider	*To decide*
Briller	*To shine*
Voir	*To see*
Trouver	*To find*
Vouloir	*To wish,want*
Revenir	*To return*
Dernier(e)	*Last*
La neige	*The snow*
Depuis	*Since*
Le soleil	*The sun*
Hier	*Yesterday*

Après-midi	*Afternoon*
Parce que	*Because*
Maintenent	*Now*
Le cou	*The neck*
Long(ue)	*Long*
La girafe	*The giraffe*
L'elephant(m)	*The elephant*
La trompe	*The trunk (of the elephant)*
Le lion	*The lion*
Le tigre	*The tiger*
Les ours(m)	*The bears*
Le loup	*The wolf*
Le singe	*The monkey*
Le vatour	*The vulture*
Le pingouin	*The penguin*
L'autruche(f)	*The ostrich*
La cage	*The cage*
Le chameau	*The camels*
Les serpents(m)	*The snakes*
Le cheval	*The horse*
L'ane(m)	*The donkey*
La vache	*The cow*
Le bœuf	*The beef, ox.*
Le porc	*The pig*
Le mouton	*The sheep*
Le ferme	*The farm*

Le poulet	*The chicken*
Le canard	*The duck*
Le dindon	*The turkey*
L'oie (f)	*The goose*
Les animaux sauvages	*Wild animals*
Sa marche légère	*Her gentle walk*
Le temps passe	*Time passes*
Les animaux domestiques	*Domestic animals*
Les animaux très utiles	*Very useful animals*
Voulez-vous aller voir	*Do you wish to go to see*
Avoir peur	*To have fear*

<u>Noises animals make:</u>

Le mouton (The sheep)	*Bêle* (verb*:* ***bêler***- to bleat)
La vache (The cow) *mugit*	(verb*:* ***mugir***-to bellow)
Le lion (The lion)	*rugit* (verb*:* ***rugir***-to roar)
Le cheval (The horse)	*hennit* (verb*:* ***hennir*** – to neigh/ to whinny)
Le porc (The pig) *grogne*	*(*verb*:* ***grogner***- to grunt)
Le chien (The dog) *aboie*	(verb*:* ***aboyer***- to bark/ to bay)
Le chat (The cat) *miaule*	(verb: ***miauler*** *– to mew*)
Le singe (The monkey)	*jase* (verb: ***jaser-to chatter***)
Le pigeon (The pigeon)	*roucoule* (verb : ***roucouler*** –to coo)
Le coq (The rooster)	*chante* (verb *:* ***chanter***- to sing/ crow)
La poule (The hen) *glousse*	(verb *:**glousser***- to cluck)
Les oiseaux (The birds)	*chantent* (verb:*:* ***chanter***-to sing)

This is a passage for reading and comprehension

Exercice: La dictée **(Exercise-dictation)**

Nous avons visité le Zoo de Delhi. Le lion et le tigre que nous avons vue étaient magnifique; ils étaient jaunes avec des raies noirs. Dans le zoo, Il y avait des ours noirs et des ours blancs. Puis nous avons vu les singes, les autruches sur leurs longues pattes.

Dans le zoo, nous avons passées des bonnes heures.

Vocabulaire:

la raie	the stripe
de bonne heure	a good time
magnifique	magnificent

La Pompe À Essence

(The petrol pump)

This lesson is a dialogue between two persons;one a motorist who wants to fill petrol in his car and the other,the attendant at the gas station. It has a mix of verbs in the future and present tenses, new vocabulary relevant to the filling of petrol in a car.

Une conversation entre deux personnes:
Monsieur Mallet(l'automobiliste) et Roger (Le pompiste)...
(A conversation between two persons :

Mr. Mallet, the car driver and Roger, the pump-attendant)..

M.Mallet—	*Je voudrais de l'essence.*	I would like some gasoline/ petrol.
Roger—	*Pas de problem, monsieur; ordinaire ou super?*	No problem sir; ordinary or super(quality)?
M.Mallet—	*Je pense .....super!*	I think....super !
Roger—	*Je fais le plein?*	I'll fill it up?

M. Mallet—	*Oui, remplaissez le réservoir.*	Yes, fill the tank.
Roger—	*Combien consommez-vous?*	How much do you consume?
M.Mallet—	*Je consomme 16 litres aux 100.*	I consume 16 litres to a hundred kms.
Roger—	*La voiture qui est petite ne consomme que 8 litres.*	The car which is small does'nt consume more than 8 litres.
M.Mallet—	*Moi, j'aime les grosse voitures parce que j'ai une grande famille.*	Me, I like big cars because I have a big family.
Roger—	*...Et de l'huile, je vous en donne?*	And oil, I'll give you some?
M.Mallet—	*Non, merci; ça va comme ça. Mais peut-être regardez les pneus.*	No, thank you; it's okay like that. But perhaps look at the tyres.
Roger—	*Tes pneus sont bons mais attendez: vos glaces sont sales.*	Your tyres are good but wait: your glasses are dirty.
M.Mallet—	*Merci beaucoup et au revoir.*	Thank you very much and goodbye.

Chez Legrand
Un grand magasin
(At the house of Legrand, a big Store)

This lesson is aimed at the tourist who goes shopping and needs to buy something. The reader will find the vocabulary and grammar interesting, adding to what has already been taught in the present, past and future tenses.Answer the questions at the end of the lesson to check your comprehension.

Ce soir, Madame Leblanc est allée Chez Legrand qui est un grand magasin sur la rue de la Seine. Elle a emmené son amie madame Laconte.Dans la rue elle s'arrêtait souvent devant les autre magasins. Mme. Leblanc a parlé à une vendeuse:

Mme. Leblanc-	*Je voudrais acheter quelque chose pour mon mari. Où est-ce que j'achete de l'eau de toilette?*
	I would like to buy something for my husband. Where can I buy some 'eau de toilette'?
La vendeuse- (The sales woman)	*Il y a une parfumerie là; Chez Legrand! There is a perfume shop there; 'In The House of Legrand'!*
Mme. Leblanc -	*(Elles montent à l'escalier du magazin; dans le magazin...)*
	(They climb the stairs of the store; inside the store…)
	'Où se trouve le rayon des chemises'?
	'Where is the shirt department?'
Le vendeur - (The salesman)	*"Bonsoir madame, au rez-de-chaussée, à droit ."*
	"Good evening Madam, on the ground floor, to the right."
Mme. Laconte-	*(à Mme. Leblanc) Qu'est-ce que vous acheterai ? Je m'a*chete de sous-vêtements peut-être.
	(to Mrs.Leblanc) What shall you buy? I will buy myself some underwear perhaps

Mme. Leblanc -	*(à Mme. Laconte) Nous allons voir le rayon de poupées; ma fille Hélène a me demandé une poupée. Pour mon mari une chemise.* (to Mrs. Laconte) We are going to see the dolls department ; my daughter Helen had asked me for a doll.For my husband, a shirt.
Mme. Laconte-	*(à le vendeur) Je voudrais la taille numéro douze.* *Puis-je vois cellui-ci? Combien est-ce?* (to the salesman) I want size number twelve. May I see this one? How much is it?
Le vendeur -	*C'est trois cent francs madame.* It is three hundred francs ,Madam.
Mme. Laconte-	*C'est trop cher. Avez-vous quelque chose bon marché? Je voudrais quelque chose en coton . Je n'aime pas de soie.* It's too expensive. Have you something cheap? I want something in cotton . I do not like silk.
Mme. Leblanc -	*Je regarderai le rayon de perfumerie, et je reviendrai. Je veux acheter un parfum et je vais regarder l'eau de toilette pour hommes.* I shall look at the perfume department and I shall return. I want to buy a perfume and I am going to look at the'eau de toilette' for men.

Mme.Laconte- *Ça va, à bientôt!*

Ok, I'll see you soon!

Après quelque fois (After sometime):

Les femmes ont acheté des chausettes,un maillot de bain,des cigarettes anglaises, des allumettes,un cadeau pour le garçon,une paire de souliers,un imperméable,des mouchoirs,un parfum, une poupée,deux chemises et un pantalon! Quand les femmes vont acheter quelque chose, c'est comme ça!

(The women had bought socks, a bikini, some cigarettes, matches, a gift for the boy, a pair of shoes,a waterproof raincoat, some hankerchiefs,a perfume, a doll, two shirts, and a trouser! When women go to buy something, it's like that!)

Répondez aux questions: (Answer the questions):

(*a*) Où sont-elles allées, les deux femmes, Mme.Leblanc et Mme. Laconte?

(*b*) Qu'est-ce que Mme. Laconte voudrai acheter?

(*c*) Qui est Hélène?

(*d*) Qu'est-ce qu'elle a désiré?

(*e*) Est-ce que Mme. Laconte a acheté des sous-vêtements?

(*f*) Combien coutent-ils, les sous-vêtements?

(*g*) Est-ce que Mme. Laconte aime le soie?

(*h*) Enfin, qu'est-ce que les femmes ont achetées?

Leçon - 11

UNE VISITE À PIERRE

(A Visit to Pierre)

Composition (first person)

Lisez et comprenez: **(Read & Understand)**

Mon ami Pierre Roche habite à Paris depuis cinq mois. Sa maison est sur la rue de la gare. Il a une vieille maison et il n'a pas d' ascenseur.

Pauvre Pierre; il habite au septième étage; c'est haut!

Derrière la maison de Pierre, il y a une grande cour; c'est la place qu'il place sa moto.

Il travaille dans une banque, qui est très loin de chez lui.Il n'aime pas prendre l'autobus parce que la moto va très vite.

Aujourd'hui, c'est dimanche; je vais voir mon ami Pierre. Quand j'ai arrivé chez Pierre, j'ai demandé au concierge si monsieur Pierre Roche est chez lui.

Le concierge me répond qu'il ne sait pas. Je monte à la cinquième étage, et je m'arrête. Encore deux étages! Voilà, j'arrive; mais devant moi, je vois quatre portes!

A quelle porte est-ce que je vais sonner?

Il n'y a pas de nom sur la première porte, mais à droite de la dernière porte, sous la sonnette, je vois une petite carte blanche; je lis la carte. "Monsieur Pierre Roche,17, rue de la gare, Paris."C'est là!

Je sonne. Rien! La sonnette ne marche pas.

Je sonne encore. Ah ! Si; elle marche. J'attends une minute; rien!

Je sonne une troisième fois. Le voisin de Pierre ouvre sa porte.

—"Vous cherchez monsieur Roche?"

—"Oui,mais il ne répond pas. Il est peut-être sorti?"

—"Non, il est chez moi maintenant. Nous regardons des photos de ma famille !"

Vocabulaire:

Savoir	To know
S'arrêter	To stop (oneself)
Voir	To see
Sonner	To ring(a bell)
Lire	To read
Attendre	To wait
Ouvrir	To open
Sortir	To go out
L'ascenseur	The lift(elevator)
Depuis	Since
Pauvre Pierre	Poor Pierre
Étage	Floor
Haut(e)	High
Cour	Court,yard
La moto	The motorcycle
Très loin	Very far
Chez lui	His house
L'autobus	The Bus

Très vite	Very quick,fast
Le concierge	The janitor, care-taker
Dernier(e)	Last
La sonnette	The bell
Rien!	Nothing!
Peut-être	Perhaps
Ma famille	My family
La rue de la gare	The Railway Staton road
Une petite carte blanche	A small white card
Troisième fois	Third time

À la gare **(At the railway station)**

The following passage has been specially selected for the traveler who is in Paris and needs to move around in public transport; it deals with the various tenses. It will help the reader familiarize with vocabulary needed at the Railway Station & dealing with taxi's in France. It also deals with booking a set of rooms at the George V hotel in Paris. Difficult words are explained in English at the end of the lesson.

Près des gares, il y a toujours beaucoup d'autos.Des chauffeurs de taxi attendent les voyageurs qui arriveront.Voilà un monsieur . Il porte une lourde valise.Il parle au chauffeur d'un taxi. Puis il monte dans le taxi et donne l'adresse d'un hotel au chauffeur.

La famille Dubois arrivent.Monsieur Dubois téléphone à l'hôtel George V . Il veut retenir deux chambres pour ses amis Cartier.Le directeur de l'hôtel écrit le nom de Cartier dans son cahier. Roger aura une chambre au septième étage,ses parents et sa sœur coucheront au premier.Les chambres du septième sont plus petites que les chambres du premier, mais

elles sont aussi confortables et plus claires. Et Roger aura une belle vue sur l'avenue Champs Elysées.

Monsieur Dubois et sa famille montent un taxi . Le chauffeur conduit son client à la maison Dubois. Quand la voiture s'arrête, le client paie, et donne un pourboire au chauffeur.

***Vocabulaire:* Vocabulary**

Le chauffeur	:	The driver
Les voyageurs	:	The travelers, passengers
Lourde (adj.)	:	Heavy
La valise	:	The suitcase
Il veut retenir	:	He wants to reserve,retain
Claire(adj.)	:	Bright, light
Une étage	:	A floor
Belle vue	:	Beautiful view
Conduire(verb)	:	To drive, to lead
S'arrêter(verb)	:	To stop oneself
Un pourboire	:	A tip

***Useful Phrases:* (Conversation Pieces For Use In /At/For a Hotel)**

Can you recommend a good hotel?	*Pouvez-vous me recommandez un bon hôtel?*
Have you any rooms?	*Avez-vous des chambres?*
What rooms do you want?	*Quelles chambres désirez-vous?*
It is neccessary to have a quiet room.	*Il faut avoir une chambre tranquille.*
I would like a room with a double bed.	*Je voudrais une chambre avec un lit double.*

Do you have a child's bed?	*Avez-vous un lit d'enfant?*
Each room has a private bath.	*Chaque chambre a une salle de bains privée.*
The room does not have a good view.	*La chambre n'a pas une belle vue.*
What is the price of a double room?	*Quel est le prix d'une chambre double?*
I will take a room without meals.	*Je prends une chambre sans les repas.*
I want a room with full board.	*Je veux une chambre avec la pension complète.*
Have you anything larger but cheaper?	*Avez-vous quelque chose plus grand mais moins cher?*
I do not like this room.	*Je n'aime pas cette chambre.*
I would like a single room for 3 nights.	*Je voudrais une chambre avec un lit pour trios nuits.*
What is the number of my room?	*Quel est le numéro de ma chambre?*
Please give me the key of my room.	*Donnez-moi la clé de ma chambre s'il* vous plaît.
I would like another blanket and another pillow.	*Je voudrais une autre couverture et une autre oreiller.*
Where is the room attendant (chambermaid)?	*Où est la femme de chambre?*
Give me more hangers.	*Donnez-moi encore de ceintures.*
Where is the dining room?	*Où est la salle à manger?*

When will you leave sir?	*Quand partirez-vous monsieur?*
I will leave tomorrow	*Je partirai demain .*
I am leaving now.Please prepare my bill.	*Je pars maintenant. Préparez l'addition s'il vous plaît.*
Count it again. It is not correct.	*Comptez encore. Ce n'est pas correct.*
Here is my key. Bring my luggage down.	*Voici ma clé. Apportez mes baggages en bas.*
Au revoir monsieur , bonne journée!	*Good bye sir, (have a) good journey(trip).*
Good bye ,I have had a pleasant stay here.	*Au revoir, je suis content de mon séjour ici.*

<u>At The Restaurant</u>

At what time is breakfast, lunch or dinner ?	*A quelle heure est le petit déjeuner,déjeuner, ou le dîner?*
Can you recommend me a good restaurant in the city?	*Pouvez-vous me reccomander un bon restaurant dans la ville?*
Yes sir, there is a good French restaurant a Chinese restaurant and a Mexican restaurant near here	*Oui monsieur, il y a un bon restaurant français, un restaurant chinois et un restaurant mexicain près d'ici.*

.... Au restaurant.:

Waiter, I would like a table for four prople.	*Garçon(monsieur), je voudrais une table pour quatre personnes.*

What do you have for lunch ?	*Qu'est-ce que vous avez pour le déjeuner ?*
What do you recommend?	*Qu'est-ce que vous recommendez?*
Just a moment please, I shall bring the menu.	*Un moment s'il vous plaît, j'apporterai le menu.*
Have you some good appetizers ?	*Avez-vous des bons hors d'œuvres?*
I would like a portion of English Fried Fish and French Fries, a bottle of beer and two glasses; a Chicken Marengo for my friend and an Orange juice, thank you.	*Je voudrais une portion de Filet de Sole à l'anglaise et pommes frits, une bouteille de bière et deux verres; un Poulet Sauté Marengo pour mon ami et un jus d'orange, merci.*
Ok sir, I am going to repeat the order.	*Ça va monsieur, je vais repeter l'ordre.*
Would you give me another plate.	*Pouvez-vous me donner une autre assiette.*
I would like to speak to the head waiter.	*Je veux parler au maître d'hôtel.*
Where can I wash my hands?	*Où est-ce que je peux me laver les mains?*
Please serve us as quickly as possible.	*Servez nous aussi vite que possible.*
This is cold and it's not clean.	*C'est froid et ce n'est pas propre.*
This is over-done.	*C'est trop cuit.*
Please bring me another fork, knife and a spoon.	*Apportez-moi une autre fourchette, un couteau et une cuillère s'il vous plaît.*

This is not what I ordered.	*Ce n'est pas ce que j'ai commandé*
We shall have the coffee in the lounge.	*Nous prendrons le café dans le foyer.*
I will pay for all now.	*Je paie pour tous maintenant.*
The bill please.	*L'addition, s'il vous plaît.*

***At The Post Office*: À La Poste !**

Where is the Post Office please?	*Où est le bureau de poste, s'il vous plaît?*
I would like to buy some stamps?	*Je veux acheter des timbres.*
Where is the letter box?	*Où est la boite à lettres?*
There is a Post Office in the hotel.	*Il y a un bureau de poste dans l'hôtel.*
Postage is not expensive .	*L'affranchissement n'est pas* cher.
Are there any letters for me?	*Y a-t-il des lettres pour moi?*
I would like to telephone.	*Je voudrais téléphoner.*
Would you get this number for me?	*Voulez-vous demander ce numéro pour moi?*
I would like to speak to Mr Gardner.	*Je voudrais parler à monsieur Gardner.*
He is not here now. Please try again.	*Il n'est pas ici maintenant. Essai encore s'il vous plaît.*
Here is the postman.	*Voici le facteur.*
I wish to register this letter.	*Je voudrais faire recommender cette lettre.*

Post this letter at once.	*Mettez cette lettre à la poste toute de suite.*
I want to send this by air mail.	*Je veux l'envoyer par avion.*

<u>Visit To The Bank Une Visite À La Banque..!</u>

Please direct me to the nearest branch of the Paris National Bank.	*Pouvez-vous m'indiquer la succursale de la Banque Nationale de Paris.*
This Bank has a branch on Rivoli street.	*Cette banque a une succursale à rue de Rivoli.*
I want to speak to the Manager.	*Je voudrais parler au directeur.*
The Manager is not in his office. Can I help you?	*Le directeur n'est pas dans son bureau. Est-ce que je peux vous aider?*
I want to cash some travellers cheques.	*Je voudrais négocier quelques chèques de tourisme.*
What is the rate of exchange?	*Quel est le taut de change?*
Please fill this form.	*Rempliez cette forme, s'il vous plaît.*
What is your name, sir?	*Quel est votre nom, monsieur?*
My name is Roger Arnold.	*Je m'appelle Roger Arnold.*
Do you accept Canadian money?	*Acceptez-vous la monnaie canadienne?*
Here is my passport.	*Voici mon passeport.*
Where do I sign ?	*Où dois-je signer?*
Please give me a receipt.	*Voulez-vous me donner une recette.*

At The Doctor's - Au Médecin.

I feel unwell.	*J'ai mal.*
Please call a doctor.	*Appelez un médecin s'il vous plaît.*
Is there a doctor near here?	*Y a-t-il un médecin près d'ici?*
What does the doctor charge for a visit?	*Combien faut-il payer le médecin pour une visite?*
I have temperature (a fever).	*J'ai de la fièvre.*
My stomach is out of order.	*J'ai mal au ventre.*
I have a sore throat.	*J'ai mal à la gorge.*
My cough is bad.	*Ma toux est mal.*
I have pain in my arm/leg/hand/ foot/chest/back/ankle/neck/ear.	*J'ai mal au bras/à la jambe/à la main/au pied/ à la poitrine/au dos/à la cheville/au cou/à l'oreille*
Can you give me a sleeping pill (sedative)?	*Pouvez-vous me donner un somnifère (un calmant)?*
I want spectacles to read.	*Je veux des lunettes de lire.*
I want an aspirin.	*Je veux une aspirine.*
I am much better now.	*Je me trouve beaucoup mieux à présent.*

Leçon - 12

French Terminology with Regard to Food and Beverages

Egg Preparations: Le préparation des œufs:

Poché	Poached
Oeuf frit	Fried egg
Oeuf brouillés	Scrambled
Oeuf dur	Hard boiled egg
Oeuf à la coque	Soft boiled egg
Oeuf sur la plat	Shirred eggs (cooked in individual dishes in a cool oven)
Oeuf en cocotte	Eggs cooked in a bain-marie in a hot oven.
Omelette Nature	Plain Omelette

Service Equipment:

Plateau(m)	Tray
Serviette(f)	Napkin
Assiette(f)	Plate
Couteau(m)	Knife
Fourchette(f)	Fork
Cuillère(f)	Spoon
Tasse(f)	Cup

Sous tasse(f)	Saucer
Cruet /ménage	Salt, pepper,mustard pot
Cendrier(m)	Ash tray
Cafètière(f)	Coffee pot
Théière(f)	Tea pot
Verre(m)	Glass
Pot à lait (m)	Milk pot
Sucrière(f)	Sugar pot
Passoire(f)	Strainer
Nappe(f)	Table cloth

Fruits and vegetables

Fruits:

Ananas	Pineapple
Abricot	Apricot
Pèche	Peach
Poire	Pears
Banane	Banana
Mangue	Mango
Orange	Orange
Cerise	Cherries
Dates	Dates
Pommplemousse	Grapefruit
Framboise	Raspberry
Noix	Nuts
Papaye	Papaya
Prun	Prunes

Raisin	Grapes
Fraise	Strawberry
Melon	Melon
Pomme	Apple

Vegetables:

Artichaut	Artichoke
Aubergine	Brinjal
Brocoli	Broccoli
Carotte	Carrot
Navets	Turnips
Pommes de terre	Potatoes
Chou	Cabbage
Chou bleu	Blue Cabbage
Choufleur	Cauliflower
Asperge	Asparagus
Citron	Lemon
Céleri	Celery
Cresson	Watercess
Concombre	Cucumber
Epinard	Spinach
Gingembre	Ginger
Haricot verts	French Beans
Jaque	Jackfruit
Laitue	Lettuce
Menthe	Mint
Champignons	Mushrooms

Oignon	Onion
Panais	Parsnip
Persil	Parslay
Petit Pois	Green peas
Poireau	Leeks
Poivrons	Capcicum
Radis	Raddish
Thym	Thyme
Ail	Garlic
Chou de Bruxelles	Brussels sprouts
Beetrave	Beetroot

Breakfast items

Café	Coffee
Thé	Tea
Lait	Milk
Sucre	Sugar
L'eau	Water
L'eau minerale	Mineral water
Pain	Bread
Beurre	Butter
Confiture	Jam
Marmalade	Marmlade
Miel	Honey
Jus de fruit	Fruit juice
Jambon	Ham
Saucisse	Sausage

Bacon	Bacon
Oeuf	Egg
Fromage	Cheese
Crème	Cream
Thé au citron	Lemon tea
Croissant,muffin	Rolls (breakfast)
Céréals	Cereals
Café au lait	Coffee with milk

Interpretation of Dishes:

To help students understand food production terminology in French cuisine. And all other readers will benefit from this when they go to deluxe restaurants and wish to order from the menu. No dish will need explaining and you may have the last laugh on the Restaurant staff!

Hors d'oeuvres: (Sarters:):

1. **Cocktail de crevette**:
   Cooked prawns in a cocktail sauce, served with lemon wedges and a slice of hard boiled egg on top, on a bed of lettuce.

2. **Salade de viande**:
   Boiled mutton cut into 'brunoise' mixed with chopped hard boiled white of egg and vinaigrette dressing.

3. **Oeuf farci**:
   Hard boiled eggs ,cut horizontally and stuffed with a mixture of mayonnaise and yolk of egg, served on a bed of chopped lettuce.

4. **Salade de pommes de terre:**
   Cubes of boiled potatoes and chopped shallots in vinaigrette dressing.

5. **Macedoine de légumes mayonnaise**:
   Cubes of turnips, carrots,potatoes with beans and peas in sauce mayonnaise.

6. **Oignons Escoffier**:
   Button onions, glazed in salad oil and added to a sharp sauce of tomato purée, garnished with sultanas. Serve chilled.

7. **Artichautes à la greque**:
   Small, tender artichokes, par-boiled and finished in a mixture of white wine, coriander seeds, bayleaf, thyme and olive oil.

8. **Herring à la rousse:**
   Fillet of Herring, cut into thin slices and dished up alternately with slices of boiled potatoes, coated with sauce vinaigrette, garnished with chopped terragon leaves and shallots.

9. **Poisson Egyptien** :
   Pomfret fish cooked in tomato purée, highly seasoned and garlic flavoured.

10. **Salade de deux pommes**:
    Cubes of potatoes (boiled) and apples mixed with vinaigrette dressing and chopped shallots.

<u>Soups (Consommés)</u>:

1. **Consommé Ambassadeur**:
   Chicken consommé with a garnish of diced chicken, mushrooms and plain 'royale' (milk,egg,custard).

2. **Consommé Andalousse**:
   Chicken consommé with a garnish of rice and juliennes of ham.

3. **Consommé Fermière**:
   Chicken consommé garnished with shredded cabbage,beans, carrots and noodles cooked separately.

4. **Consommé Bouquetière**:
   Veal consommé ,garnished with small dices of spring vegetables and green peas.
5. **Consommé Brunoise**:
   Beef consommé, garnished with blanched 'brunoise'(dices) of carrots, leeks, turnips,onions and celery.
6. **Consommé Célestine**:
   Beef consommé garnished with juliennes of vegetable pancakes.
7. **Consommé Colbert**:
   Beef consommé garnished with strips of poached eggs and green peas.
8. **Consommé Crécy**:
   Beef consommé, garnished with juliennes of carrots.
9. **Consommé Hélène**:
   Veal consommé garnished with three coloured 'royale'.
10. **Consommé Milanaise**:
    Tomato flavoured, clear chicken consommé ,garnished with spaghetti, shredded ham,mushrooms and grated cheese, sprinkled on top.

<u>Potage: (Soup)</u>

1. **Potage Bonne femme**:
   Thick soup of leeks and potatoes, finished with milk and cream garnished with cubes of bread.
2. **Potage Bouillabaise**:
   A stew-like fish soup made from several kinds of fish cut into small pieces, tossed in oil with herbs and onions,moistened with white wine,seasoned with tomatoes,garlic and chopped parslay.
3. **Crème Carmen**:
   Cream of chicken soup, coloured with tomato purée,and garnished with dices of tomatoes,pimentoes and chicken.

4. **Crème Champenois**:
Half cream of potato soup and half puree of leeks and celery, garnished with brunois of carrots and leeks.

5. **Potage Jackson**:
Rich potato soup, garnished with small pieces of macaroni and shredded leeks.

6. **Potage Mulligatawny**:
A South Indian curried soup, garnished with rice and dices of chicken; lemon wedge is served separately.(Veg: no chicken dices).

7. **Velouté Danoise**:
Thick cucumber soup garnished with croutons.

8. **Potage St. Gérmain**:
Cream of green peas soup, garnished with cream and croutons.

9. **Potage Solferino:**
Cream of tomato and cream of potato soup mixed in a ratio of 1:1, garnished with noisettes of carrots and potatoes. (Noisettes: small round balls).

10. **Crème Dubarry**:
Cream of cauliflower soup, garnished with small florets of cauliflowers.

Poisson: (Fish)

1. **Filet de Stromatée à l'Anglaise**
Fillets of pomfret rolled in seasoned flour,dipped in beaten egg and dusted with bread crumbs and deep fried.Served always with sauce tartare.

2. **Filet de Stromatée Grenobloise:**
Fillet of pomfret rolled in seasoned flour,and shallow fried (meunière style) with beurre noisette and capers.

3. Filet de Sole Duglère:
Fillets of sole fish ,moistened with white wine and lemon juice,and poached over a bed of shallots, onions, herbs; masked with fish velouté made of the same fish stock.

4. Filet de Stromatée à l'Hôtelière:
Fillet of pomfret cooked meunière-style,served with lemon wedges, chopped mushrooms and onion rings. Beurre maître d'hôtel is served separately.(Maître d'hôtel butter- A savoury butter containing chopped parslay and lemon juice)

5. Filet de Stromatée Pompadour:
Fillets of pomfret dipped in melted butter, coated with bread crumbs and grilled.Served with Sauce Bearnaise and Pomme Chateau(barrel-shaped par-boiled potatoes sautéed in butter).

6. Filet de Sole Mornay:
Poached fillets of sole fish, coated with Sauce Mornay, sprinkled with grated cheese,dotted with butter and gratinated.Garnish- sprigs of parslay.(Mornay is a cheese flavoured white sauce bechamel).

7. Filet de Sole Véronique:
Poached fillet of sole fish coated with a mixture of Hollandaise sauce and White Wine sauce,sprinkled with cheese and then gratinated.The garnish is peeled grapes.

8. Stromatée Bonne femme:
Poached fillet of pomfret covered with reduced fish stock and cream, glazed under the 'salamander'.Served with sliced white mushrooms.

9. Homard Newberg:
Seasoned and cooked lobster meat in a 'liason' of egg yolk, cream and sherry wine,sharpened with a pinch of 'cayenne pepper'.

10. **Homard Thermidor**:
Boiled lobster meat cooked mixed with rich cream sauce(with a pinch of mustard),sprinkled with grated cheese and gratinated.Served with potatoes and plain boiled rice.

Entrée: (Main Course)

1. **Rognons Grillé Americaine**:
Grilled kidneys served with bacon and tomato sauce.

2. **Rognons Sauté Turbigo**:
Split kidneys,sautéed and masked with a rich demi-glace (cream flavoured).served with mushrooms and cocktail sausages.

3. **Rognons Sauté Bordelaise**:
Kidneys sautéed and masked with sauce bordelaise. (Sauce Bordelaise=Demi glace+white wine + mushrooms + bone marrow).

4. **Foie de Veau Sauté Madère**:
Liver cut into slices and sautéed with seasoned flour and fried. Served with sauce madiera.(Sauce Madiera= Demi-glace+ Madiera wine; French:Madère)

5. **Foie de Veau Lyonnaise:**
Liver cut into slices, fried and served with roundels of fried onions and a rich brown sauce.

6. **Omelette Espagnole**:
What we call 'Spanish Omelette', made with a mixture of tomato concassé, sautéed onions and capsicum mixed in beaten egg.

7. **Oeuf sur la plat Bercy**::
Fried eggs served with grilled sausages, placed on the white of egg, served with a cordon of tomato sauce.

8. **Oeuf poché Florentine:**
Poached eggs on a bed of sautéed spinach,coated with Sauce Mornay and glazed under the Salamander.

9. **Spaghetti Italienne**:
Cooked spaghetti tossed in butter and served with grated cheese.

10. **Spaghetti Milanaise**:
Cooked spaghetti, mixed with tomato concassé and tomato purée, cheese, juliennes of ham, mushrooms and ox tongue.

11. **Macaroni Napolitaine**:
Cooked macaroni, mixed with tomato concassé, tomato purcc and grated cheese.

Poulet: (Chicken)

1. **Fricassée de Volaille à l'ancienne**:
White stew of chicken with garnish of button onions and mushrooms. Chopped parslay sprinkled on top, accompanied with boiled plain rice.

2. **Poulet sauté Bayonnaise**:
Sautéed chicken stewed in demi-glace and served on a bed of boiled rice,garnished with chopped ham.

3. **Poulet sauté Chausseur**:
Sautéed chicken finished in the oven in a thick tomato flavoured brown sauce, served with a garnish of mushrooms.

4. **Poulet sauté Danoise**:
Sauteed chicken finished in Madiera Sauce and garnished with glazed button onions, stuffed tomatoes and pommes noisette.

5. **Poulet sauté Durant**:
Sauteéed chicken arranged in the form of a circle,and the centre filled with fried onions(dipped in butter and deep fried), with ham and tomato concasse placed on top of the chicken.

6. **Poulet sauté Hongroise**:
Sautéed chicken coated with Sauce Hongroise, and served on bed of riz pilaf (rice pulao).

7. **Poulet sauté Fernier**:
Sautéed chicken finished in brown sauce,glazed in the oven,garnished with turned carrots,button onions,and olive shaped potatoes. Shredded lettuce is placed on the sides.

8. **Poulet Sauté Marengo**:
Chicken sautéed and stewed in a rich demi-glace with white wine, garlic, mushrooms and tomato puree; garnished with button onions, grilled tomatoes,double fried eggs and heart shaped croutons(with the tips of the croutons dipped in the same sauce and rolled in chopped parslay).

9. **Poulet Sauté Maryland**:
Sautéed or deep fried chicken accompanied with corn fritters, potato croquettes, bacon, banana fritters, and grilled tomatoes.

10. **Poulet Sauté Nantaise**:
Sautéed chicken stewed in demi-glace flavoured with paprika and tomatoes, garnished with turned mushrooms, glazed carrots and ham juliennes.

Bœuf ou Veau: (Beef or Veal)

1. **Wiener Scnitzel / Veal Escalope à la Vienoise**:
Veal steak or Veal escalope dipped in butter and bread crumbs, then fried. Garnished with slices of gherkins, lemon and anchovy fish fillet and capers.

2. **Steak Chateaubriand Bearnaise**:
Grilled steak garnished with watercress, accompanied with roast potatoes. Sauce béarnaise is served separately.

3. **Bœuf Stroganoff**:
Slices of beef cooked in demi-glace strongly flavoured with sherry wine and sour cream.

4. **Filet Mignon Fleuriste**:
Beef fillet sautéed in butter ,finished in Sauce demi-glace, garnished with stuffed tomatoes.

5. **Hamburger Steak:**
Seasoned minced beef steak, round in shape,shallow fried and garnished with fried onion rings; fresh tomato sauce is served separately.

6. **Minute Steak**:
A thin slice of beef fillet (120 gms.approx.) sautéed in butter or grilled; served usually with a rich mushroom sauce which has finely chopped shallots.

7. **Escalope de veau Holstein**:
Veal escalope, bread-crumbed, then shallow fried. garnished with fried egg placed on top, and anchovy fish fillet placed in a criss-cross manner; masked with beurre noisette. Capers may be also served.

8. **Blanquet de veau à l'Ancienne**:
White stew of veal garnished with mushrooms, button onions and heart shaped croutons.Accompanied with plain boiled rice.

9. **Entrecôte Bordelaise**:
Grilled sirloin steak masked with sauce bordelaise. (Bordelaise sauce-demi-glace + wine + ham + bone marrow).

10. **Bœuf à la mode**:
Rump steak seasoned and marinated 5-6 hrs in bacon fat and cognac, olive oil and chopped onions, flavoured with bouquet garni. Cooked in the oven, sliced and served with glazed onions as garnish.

<u>Mouton/Agneau: (Mutton/Lamb)</u>

1. **Noisette d'Agneau Bouquetière**:
Bread-crumbed and fried noisettes of lamb garnished with

diced vegetables arranged alternately around the joint and served with a rich brown sauce (veal stock or chicken stock used to make the sauce)

2. **Côtelettes de Mouton Clamart**:
   Mutton cutlets dipped in beaten eggs, rolled in bread crumbs,deep fried and served with a purée of green peas.

3. **Côtelettes d'Agneau Halmaison**:
   Crumbed lamb cutlets, fried, served with asparagus tips, puree of peas, and garnished with stuffed tomatoes; accompanied with sauce Madiera.

4. **Côtelettes d'Agneau à la Française**:
   Crumbed lamb cutlets, fried, garnished with mixed vegetables, and served with sauce Madiera.

5. **Ragoût de Mouton à la Flamande**:
   A rich brown mutton stew containing vegetables like carrots, potatoes and turnips.(Ragout=Vegetables with Brown Meat).

6. **Navarin d'Agneau**:
   A rich brown lamb stew with carrots , turnips and potatoes.

7. **Carré d'Agneau Rôti::**
   Boned meat from the loin of lamb,roasted ,served with a wine-flavoured gravy and garnished with chopped parslay.

8. **Noisette de Mouton Napolitaine**:
   Mutton noisettes, sautéed, coated in red-wine sauce, and served garnished with tomato flavoured spaghetti, grated cheese and minced ham.

9. **Noisette de Mouton Nicoise**:
   Deep fried mutton noisettesd, garnished with grilled tomatoes.

10. **Côtelettes d'Agneau Sautées**:
    Sauteed, seasoned rib lamb chops accompanied with mixed vegetables and Sauce Madiera.

Porc: (Pork)

1. **Côtes de Porc Charcutière:**
   Pork chops sautéed and stewed in demi-glace, served with a garnish of juliennes of ham and gherkins.

2. **Côtes de Porc Zingara:**
   Pork chops, sautéed and stewed in demi-glace, served with a garnish of juliennes of ox-tongue.

3. **Medaillons de Porc-Sauce Robert:**
   Pork medallions sautéed in butter and oil after being dusted through seasoned flour. Cooked in a mix of white wine, demi-glace, and mustard; finished with fresh cream.

4. **Côtes de Porc Grillées:**
   Grilled pork chops garnished with watercress and served with lemon wedges.

5. **Carré de Porc Bonne femme:**
   Browned loin of pork, accompanied with potatoes and button onions,garnished with chopped parslay.

Pommes de terre: (Potatoes)

1. **Pommes Boulangère:**
   Cut roundels of potatoes and onions, immersed in milk and chicken stock in a 1:1 ratio and baked. Nutmeg added to flavour.

2. **Pommes Chateau:**
   Medium sized potatoes cut into barrel shapes, par-boiled and sautéed in butter till golden brown in colour.

3. **Pommes Purée:**
   Boiled potatoes, mashed and mixed with butter and seasoned with pepper and nutmeg.(Cream is optional).

4. **Pommes Dauphine:**
   Mixture of 50% pommes puree 50% pâté à choux. (Pâté à choux = water, flour,butter and eggs)

5. **Pommes Duchess:**
   Made from pommes purée with the addition of butter, egg yolks, seasoning,and nutmeg.The top is brushed with beaten egg and baked under the slalmander.

6. **Pommes Mousseline:**
   Mashed potatoes with fresh cream (pommes purée+ cream). The cream is whipped to give a fluffy texture.

7. **Pommes Vapeur:**
   Small or medium sized potatoes, peeled and steamed.

8. **Pommes à l'Anglaise:**
   Boiled potatoes simply- also called '*pommes nature*'.

9. **Pommes Lyonnaise:**
   Sliced potatoes and onions, sautéed together till cooked.

10. **Pommes Pont-Neuf:**
    Potatoes cut into French fries shape but shorter in length.

11. **Pommes William:**
    Sliced potatoes cooked in cream sauce.

12. **Pommes Frit:**
    The traditional 'French Fries' we all are used to.

13. **Pommes Croquettes:**
    Dried , mashed potatoes, mixed with yolk of egg, seasoning and nutmeg, then given the shape of a cork, rolled in bread crumbs and deep fried.

14. **Pommes Robert:**
    Mashed potatoes , baked in wrapped in alum.foil, to which butter, salt,pepper & nutmeg is added;the potato is given coin shapes.

15. **Pommes Fondante:**
    Potatoes like pommes chateau,but cooked in stock with a little butter.

16. **Pommes Allumette:**
    Match-stick (or straw) sized sliced potatoes, deep fried.

17. **Pommes Parisienne/Noisette:**
    Small scoops of par boiled potatoes,coloured in butter. Pommes Parisienne are double the size of Pommes noisette.The scooper is called '*Cuillère à pommes noisette*'.

18. **Pommes Paille:**
    Straw potatoes,thinner than pommes allumette which are deep fried.

19. **Pommes Persille:**
    Pommes à l'anglaise masked in melted butter and rolled in chopped parlsay.

20. **Pommes Parmentier:**
    Potatoes cut into small dices and roasted.

Carottes: (Carrots)

1. **Carottes Glacé:**
   Carrots cut into roundels, cooked in stock and butter to dryness, then glazed.

2. **Carottes Vichy:**
   Thin slices of carrots cooked in Vichy mineral water with salt and a pinch of sugar.

3. **Carottes à la Crème:**
   Carrots turned into olive shapes,cooked in a cream sauce with chopped parslay sprinkled on top.

4. **Carottes Béchamel:**
   Par boiled turned carrots finished in Sauce Béchamel.

5. **Carottes Purée:**
   Carrots cooked in stock with a little rice;masked and passed through a strainer and garnished with croutons. (ratio of rice to carrots is 1:3).

Champignons (Mushrooms)

1. **Champignons Bordelaise:**
   Mushrooms sautéed and cooked in a rich brown sauce with a hefty dose of Bordeau wine; served with shallots and chopped parslay.
2. **Champignons à la Crème:**
   Mushrooms sautéed in butter and cooked in a rich cream sauce.
3. **Champignons en croute:**
   Champignons à la crème, put on toast and glazed under the Salamander.
4. **Champignons Grillé:**
   Mushrooms (with stems removed) marinated in oil and grilled over a hot plate.
5. **Champignons Farci:**
   Mushrooms stuffed with chopped onions,chopped mushrooms,seasoning and sautéed in butter; The mushrooms are then brushed with oil and finished under the salamander.

Plats réchauffees: (Re-heated food)

Hotel kitchens tend to re-heat food not used in a previous shift for economical reasons. Meat and fish already cooked are not recommended for re-heating, but it is done.

Beurre composé: (Compound (flavoured) butter)

1. **Beurre Maître d'Hôtel:**
   A paste of butter,plus garlic, lemon juice, chopped parslay salt and white pepper.
2. **Beurre d'Anchois:**
   Paste of butter, anchovy fillet puree, seasoning and lemon juice
3. **Beurre Colbert:**
   Paste of butter, plus glace de viande(demi-glace reduced to half), garlic, and chopped shallots.

4. **Beurre d'Homard:**
   A paste of butter, lobster meat and eggs cooked in court-bouillion (a spiced aromatic fish stock).

5. **Beurre Manie:**
   Equal quantity of uncooked flour and butter, used as a thickening agent.

6. **Beurre Moutarde:**
   Butter paste and French mustard used for marinating steaks,and pork dishes.

7. **Beurre d'Ail:**
   Boiled cloves of garlic ,puréed and mixed with softened butter.

8. **Beurre d'Amandes:**
   Sweet almonds reduced to a paste,added to softened butter and sieved.

9. **Beurre Noir:**
   Darkened butter after cooking, to which capers and chopped parslay is added.

10. **Beurre Fondu:**
    Melted butter to which lemon juice, salt and white pepper is added.

Sorbet:

1. **Sorbet aux Fruits:**
   Poached citrus fruit in a sugar-water syrup finished with finely grated zest,and frozen.

2. **Sorbet à la Pêche:**
   Pulp of peaches,pureed,mixed with juice of lemon and sugar-water syrup, then frozen.

3. **Sorbet au Calvados:**
   Vanilla flavoured sugar-water syrup to which juice of lemon and a pinch of cinnamon is added.Finished with egg whites stiffly whisked and Calvados(Cider Brandy).Frozen and served.

4. **Sorbet à la Framboise:**
Raspberries pulped and blended,mixed with juice of lemon and added to a syrup of sugar-water;finished with a pinch of cinnamon and frozen till served.

5. **Sorbet aux Fruits Exotiques:**
Pulped pineapple,mangoes and banana, pureed in a blender to which vanilla sugar and a pinch of cinnamon is added; mixed with a syrup of water-sugar and frozen until served.

Soufflé:

(There are two types of Soufflés: Dessert Soufflé and Savoury Soufflé.)

Dessert Soufflés:

1. **Soufflé aux Bananes:**
Pulp of finely sieved bananas added to a mix of flour.salt,milk and caster sugar;to which butter, egg yolk and Kirsch or Rum is added; Egg whites are folded in and the mix is coated with caster sugar and cooked in the oven in 'ramekins'.

2. **Soufflé au Chocolat:**
Dissoved plain chocolate in milk,to which fine caster sugar, egg yolk and flour is added; incorporated with butter and stiffly whipped egg white,put into moulds and cooked in an oven.Sprinkled with icing sugar before service.

Savoury Soufflé:

1. **Soufflé au Fromage:**
Grated Gruyère cheese and Parmesan Cheese added to Béchamel sauce,with a pinch of nutmeg. Egg yolks and whipped egg whites are folded in; baked and served hot.

2. **Soufflé au Jambon:**
Finely minced ham to which a cheese soufflé mixture is added.

Leçon - 13

LES VERBES IMPERSONNELS

(Impersonal Verbs)

The verbs 'falloir' 'valoir', pleuvoir' and 'neiger' are impersonal verbs: Let us conjugate them:

Conjugaison de *falloir* (To have to/be necessary)

Il faut **(the only conjugation) means 'it is necessary' /Past imperfect: *Fallait*: it was necessary**

Exemple:

Il faut monter à cheval et il faut donner des ordres:

One must ride on horseback to have to give the orders..

***Valoir mieux*: to be better**

Il vaut mieux : It is better	/**Past imperfect**: *Il valait mieux:* It was better.
Il pleut : It is raining	/**Past imperfect**: *Il pleuvait:* It was raining.
Il neige : It is snowing	/**Past imperfect**: *Il neigeait:* It was snowing.

***Le futur*: The future**

Il faudra	It will be necessary
Il vaudra mieux	It will be better
Il pleuvra	It will rain
Il neigera	It will snow

***Le passé composé*:**

Il a fallu	It has been neccessary
Il a valu mieux	It was better
Il a plu	It has rained
Il a neigé	It has snowed

Note: *An impersonal verb is one that is conjugated in the third person only, with the subject* ***il***, it, there.

Formation Et Position Des Adverbes: Le Verbe Souffrir
Formation and position of 'adverbs': The verb 'souffrir'-(to suffer)

Formation des adverbs:

1. **Adjectif Masculin** / **Adverbe**

Adjectif Masculin		Adverbe
Absolu	Absolute	***Absolument***
Atroce	Atrocious	***Atrocement***
Facile	Easy	***Facilement***
Poli	Polite	***Poliment***

Note: *If the adjective ends in a vowel,the adverb is formed by adding* **–ment** *to the masculine form as seen in the above examples.*

2. **Adjectif** / **Adverbe**

Masculin		Féminin	Adverbe	
Doux	soft, gentle	***Douce***	***Doucement***	softly, gently
Fier	proud	***Fiere***	***Fierement***	proudly
Heureux	happy	***Heureuse***	***Heureusement***	happily
Lent	slow	***Lente***	***Lentemen***	slowly
Public	public	***Publique***	***Publiquement***	publicly

Note: *If the adjective ends in a consonant,the adverb is formed by adding*–**ment** *to the feminine form.*

3. **Adjectif Masculin**		**Adverbe**	
Ardent	ardent, fervent	***Ardemment***	ardently, fervently
Évident	evident	***Évidemment***	evidently
Suffisant	sufficient	***Suffisamment***	sufficiently

Note: *Adjectives ending in* –**ent** *or* **-ant** *form their adverbs by changing* **-ent** *into* –**emment** *and* –**ant** *into* --**amment** *as can be seen in the above examples.*

***<u>Position Des Adverbes:</u>* <u>(Position of the adverbs)</u>**

1. ***Elle aimait <u>beaucoup</u> son pays***	She loved her country very much
Je pense <u>souvent</u> à vous	I often think of you
Je ne le ferai pas <u>immédiatement</u>	I shall not do it at once
Il ne mange pas <u>beaucoup</u>	He does not eat very much

Note: *When the adverb is in a simple tense,the adverb is placed immediately after the verb. With the negative verbs, the adverb comes after the complete negation as can be seen from the above examples.*

2. ***Elle avait <u>beaucoup</u> souffert***	*She had suffered very much*
Je vous ai <u>souvent</u> dit cela	*I have told you that often*
Je ne l'ai pas <u>encore</u> fait	*I have not done it yet*

Note: *When the verb is in the compound tense,the adverb is usually placed directly before the past participle as in the above examples.*

3. ***Il n'est pas venu aujourd'hui***	He did not come today
Je me suis levé tard	I got up late
Nous sommes restés ici	We stayed here.

Note: *Some adverbs ,however,never come in between the auxiliary and the participle; such are : aujourd' hui, hier, demain, tôt, tard, ici and là.*

4. ***Peut-être ésperaint-ils un miracle***
   Perhaps, they hoped for a miracle
   Aussi ésperaint-ils encore
   And so they still kept hoping

Note: *Observe that when a sentence begins with an adverb like* **'peut-être'**, perhaps, *and* **'aussi'**, thus, *the subject is placed after the verb in litrary style.*

<u>Indicatif Présent De Souffrir- (to Suffer)</u>

Je souffre	I suffer, I am suffering, I do suffer
Tu souffres	You suffer, you are suffering, you do suffer
Il souffre	He/it suffers, He/it is suffering, He/it does suffer
Elle souffre	She /it suffers, She/it is suffering, She/it does suffer
Nous souffrons	We suffer, we are suffering, we do suffer
Vous souffrez	You suffer, you are suffering,you do suffer
Ils souffrent	They(m) suffer, they are suffering, they do suffer
Elles souffrent	They(f) suffer, they are suffering, they do suffer
Passé composé	*J'ai souffert; tu as souffert; il a souffert, etc.* I suffered, you suffered, he/it suffered, etc.
Futur	*Je souffrirai, tu souffriras, il souffrira etc.* I shall suffer,you shall suffer, he/it shall suffer, etc

Exercise:

Formez les adverbs des adjectives suivants:

Form adverbs of the following adjectives:

Exemple **(example):**

Agréable **(Agreeable):** *Agréablement* **(Agreeably)**

1. Cher	(Dear)
2. Grand	(Big)
3. Seul	(Only)
4. Cruel	(Cruel)
5. Libre	(Free)
6. Élégant	(Elegant)
7. Lente	(Slow)
8. Brave	(Brave)
9. Parfait	(Perfect)
10. Vrai	(True)

Indicatif Présent De Ouvrir **(to Open);** ***Couvrir*** **(to Cover)** ***Et Devoir*** **– *(To Have To, To Be Obliged To)***

***Ouvrir*-To Open**

J'ouvre	I open,I am opening,I do open
Tu ouvres	You open, you are opening, you do open
Il ouvre	He/it opens, he/it is opening, he/it does open
Elle ouvre	She/it opens, she/it is opening, she/it does open
Nous ouvrons	We open, we are opening, we do open
Vous ouvrez	You open, you are opening, you do open
Ils ouvrent	They(m) open, they are opening, they do open

Elles ouvrent	They(f) open, they are opening, they do open
Passé composé:	J'ai ouvert : I opened, I have opened I did open.
Futur:	Je ouvrirai : I shall open,

***Couvrir*-to Cover**

Je couvre	I cover, I am covering, I do cover
Tu couvres	You cover, you are covering, you do cover
Il couvre	He/it covers, he/it is covering, he/it does cover
Elle couvre	She/it covers, she/it is covering, she/it does cover
Nous couvrons	We cover, we are covering, we do cover
Vous couvrez	You cover, you are coveing, you do cover
Ils couvrent	They (m)cover, they are covering, they do cover
Elles couvrent	They (f) cover, they are covering, they do cover
Passé composé:	J'ai couvert : I covered, I have covered, I did cover.
Futur:	Je couvrirai : I shall cover.

***Devoir*-To Have To, To Be Obliged To**

Je dois	I must , I have to
Tu dois	You must, you have to
Il doit	He must, he has to
Elle doit	She must, she has to
Nous devons	We must, we have to
Vous devez	You must, you have to

Ils doivent	They must(m), they have to	
Elles doivent	They must(f), they have to	
Passé Composé:	*J'ai dû*,etc.	I had to, I was obliged to, etc.
Futur:	*Je devrai* etc.	I shall have to, I shall be obliged to, etc.
Conditionnel Présent:	*Je devrais*,etc	I should, I ought to etc.

Leçon - 14

CONDITIONNEL PRÉSENT DES VERBES RÉGULIERS

(Present Conditional Tense of Regular Verbs)

In all French verbs, regular or irregular, the conditional is formed from the stem of the future. Let us conjugate a few and see for ourselves:

Donner-to Give

Je donnerais	*I should give*
Tu donnerais	*You should give*
Il donnerait	*He/it should give*
Elle donnerait	*She/it should give*
Nous donnerions	*We should give*
Vous donneriez	*You should give*
Ils donneraient	*They(m) should give*
Elles donneraient	*They(f) should give*

Finir-to finish

Je finirais	*I should finish*
Tu finirais	*You should finish*
Il finirait	*He/it should finish*
Elle finirait	*She/it should finish*

Nous finirions	*We should finish*
Vous finiriez	*You should finish*
Ils finiraient	*They(m) should finish*
Elles finiraient	*They(f) should finish*

Entendre-to Hear

Je entendrais	*I should hear*
Tu entendrais	*You should hear*
Il entendrait	*He/it should hear*
Elle entendrait	*She/it should hear*
Nous entendrions	*We should hear*
Vous entendriez	*You should hear*
Ils entendraient	*They(m)should hear*
Elles entendraient	*They (f) should hear*

Conditionnel Présent Des Verbes Irréguliers

Examples of the conditional of irregular verbs

Infinitif	***Futur***	***Conditionnel***
Aller, to go	j'ir ai	j'ir ais
Avoir ,to have	j'aur ai	j'aur ais
Être, to be	je ser ai	je ser ais
Envoyer, to send	j'enverr ai	j'enverr ais
Faire, to do	je fer ai	je fer ais
Venir, to come	je viendr ai	je viendr ais
Voir , to see	je verr ai	je verr ais
Se lever, to get up	je me lèver ai	je me lèver ais etc.

Note: *Observe that the conditional endings –ais, -ais, -ait, ait, -ions, iez, -aient*
Are the same as those of the imperfect indicative.

Passé Du Conditionnel

The Past Conditional

The past conditional of verbs are formed by adding the conditional of the auxiliary to the past participle of the verb, as can be seen from the following examples:

j'aurais donné	I should have given etc.
j'aurais été	I should have been etc.
J'*aurais eu*	I should have had etc.
Je serais arrivé	I should have arrived, etc.
Je me serais levé	I should have got up, etc.

Emploi Du Conditionnel:

Employing the conditional tense

Examples:

1. **Elle a dit qu'elle mangerait du chocolat.**
   She said that she would eat some chocolate
2. **Charles serait le maitre de tout l'hôtel.**
   Charles would be the master of the whole hotel.

Note:

(*i*) One use of the conditional tense is to express the idea of future in the past

(*ii*) Observe that ***'que'***, *that*, is never omitted in French although 'that' is frequently omitted in English.

Grammaire: (Grammar)

The conditional is used to express what would happen (the result) if something else were to happen (the condition).

Exemples: **(Examples)**

1. ***Si + imparfait + conditionnel*** (If + Imperfect + Conditional)
   Si elle était prête \ elle partirait maintenant
   If she were ready\ she would start now.
   (Were she ready……)

Si elle partait maintenant\ elle n'aurait pas de succès.
If she should start now\ she would have no success
(Were she to start now....)

S'ils se conduisaient mal \ elle les punirait.
If they were to misbehave \ she would punish them.
(Should they misbehave....)

(punir = to punish; ***se conduire*** = to behave)

Note: *When the result clause is in the conditional (expressed in English by* ***'should'*** *or* ***'would'*** *and the infinitive) the* ***if*** *clause (condition) is always in the imperfect indicative , no matter what the English form is.*

2. ***Si + indicatif présent + futur*** (If + Present indicative + Future)

Si elle est prête \ elle partira demain
If she is ready \ she will start (depart) tomorrow

Si elle part maintenant \ elle n'aura pas de succès
Is she starts now \ she won't have any success

S'ils se conduisent mal\ elle les punira
If they misbehave\ she will punish them

Je joue si j'ai le temps
I play if (whenever) I have time

Jouez si vous avez le temps
Play if you have time

Note: *When the result clause is in the future (also in the present or the imperative) the* ***if*** *clause (condition) is always in the present indicative, no matter what the English form is.*

(a) ***S'il est prêt il partira***	If he is ready he will leave
Quand il sera prêt il partira	When he is ready he will leave

Compare the above constructions and note the difference.

3. ***Si + plus-que –parfait + passé du conditionnel*** (If + Pluperfect + Past Conditional)

Si elle n'avait pas été sévère,on ne lui aurait pas obei
If she had not been severe,they would not have obeyed her.

Si elle n'avait pas été prête,elle ne serait pas partie
If she had not been ready,she would not have left

Note:

(*i*) *When the result clause is in the past conditional,the **if** clause is in the pluperfect.*

(*ii*) *Observe that (a) the verb after* **si**, *meaning **if**,is never in the future or conditional;*

And (b) in the result clause,the verb tense is always the same as in English.

(*iii*) *Observe the formula:* **si** + *present* + *future*
si + *imperfect* + *conditional*
si + *pluperfect* + *past conditional*

(*iv*) *Note that* **si** *becomes* **s'** *before* **il** *and* **ils** *only:* **s'il, s'ils,** *but* **si elle, si elle**

<u>Futur Et Conditionnel De Pouvoir Et Vouloir:</u>

(The future and conditional tense of the verbs 'pouvoir and 'vouloir')

Infinitif	***Futur***	***Conditionnel***
Pouvoir	**Je pourrai,** tu pourras etc.	**Je pourrais** etc.
To be able	I shall be able etc.	I could, I might
Vouloir	**Je voudrai** etc.	**Je voudrais** etc.
I want, wish	I shall want to etc.	I should want to etc.

***Indicatif Présent De 'Conduire'* – To Lead (Take To A Place)**

Je conduis	I lead, I am leading, I do lead
Tu conduis	You lead, you are leading, you do lead
Il conduit	He/it leads, he/it is leading, he/it does lead
Elle conduit	She leads, she/it is leading, she/it does lead
Nous conduisons	We lead, we are leading, we do lead
Vous conduisez	You lead, you are leading, you do lead
Ils conduisent	They (m) lead, they are leading, they do lead
Elles conduisent	They(f) lead, they are leading, they do lead
Passé composé :	*J'ai conduit etc.*-I led, I have led ,I did lead.etc.
Futur:	*Je conduirai, etc.*-I shall lead, etc.

L'exercise: **(Exercise)**

(a) Complétez les phrases suivantes: (complete the following sentences)

Exemple:

J'irai chez vous si… *vous viendrai chez moi*
(I shall go to your house if you shall come to mine (my house)

1. Viendriez-vous avec moi si …?
2. Si nous avons faim nous…?
3. Si nous avions soif nous…?
4. Sortirons- nous si …?
5. Seriez -vous content si…?
6. Que feriez-vous si….?
7. Que fera-t-il si…?

8. Si je me couche de bonne heure je...?
9. Si mon père me donnait de l'argent je....?
10. Si je ne suis pas prêt je...?

(*b*) Dites à quel temps sont les verbes suivants:Traduisez:

What tenses are the following verbs: Translate into English.

***Exemple:* J'irai** - Le futur - I shall go

1. Ils auront
2. Nous serions
3. Dites.
4. Faites.
5. Je disais.
6. Vous voyez.
7. Vous iriez.
8. J'étais.
9. J'ai fini.
10. Je ne pourrais pas.

Pronoms y et en: Les verbes prendre et mettre:

Pronouns 'y' and 'en': The verbs 'prendre' –to take and 'mettre'-to put:

The passage below elaborates the above pronouns as well as introduces the two verbs in the IInd group of *–re* ending verbs: Read the passage and translate with the help of the vocabulary index provided at the end of the lesson.

La cuisine de madame Françoise

La cuisine de madame Françoise est propre et bien éclairée. Elle y passé beaucoup de temps et elle en prend soin. Quand elle y travaille elle met toujours un tablier blanc. Ce matin elle s'est levée de bonne heure. Elle a allumé le fourneau et elle a préparé le déjeuner pour toute la famille. Chantal a aidé sa mère. Robert et son père entrés dans la salle à manger. Robert demand:-Chantal, où est la confiture?

-La voici, répond Chantal.

-Donnez –la moi, s'il vous plaît.

Chantal la lui donne.- Chantal, demande monsieur Robert..

-Les œufs, sont-ils prêts? Apportez-les- moi.

-Oui papa, je vais vous apporter tout de suite.

Chantal les lui apporte. Elle lui apporte aussi sa tasse de café.

-Voici le sucre, papa dit Chantal, d'un air embarrassé.

-Merci je n'en prends pas.

-Mais où est la crème?Pourquoi ne me la donnez-vous pas? Qu'est-ce que vous en avez fait?

-Malheureusement il n'y en a pas ce matin...répond Chantal.Le chat aime aussi la crème papa. Il y a mis le nez et il y a même mis la patte.

Monsieur Robert n'a pas eu de crème ce matin.Le chat en a eu, et il est plus heureux que monsieur Robert !

<u>Vocabulaire:</u> **(Vocabulary)**

Allumer	to light	Le fourneau	stove
Mettre	to put, place	Un œuf	an egg
Passer	to pass, spend	Des œufs	eggs
Prendre	to take	Le soin	care
		Le sucre	sugar
Un air	air, appearance	Le tablier	apron
Le café	coffee	La tasse	cup
La crème	cream	Éclairé(e)	lighted

La confiture	jam	Mis(e)	past participle of mettre-to put, place
La cuisine	kitchen	Propre	clean

Malheureusement : unfortunately

D'un air embarrassé : looking embarrassed

Penser de : to think of(have an opinion of)

Penser à : to think of or about (direct one's thoughts to)

Grammaire:: Pronom 'y':

Grammar: The pronoun 'y':

***Exemples:* (Examples)**

1. Chantal, est-elle dans la cuisine? – Oui, elle y est.
   Is Chantal in the kitchen? – Yes, she is (there,in it)
2. Va-t-elle à l'école? – Non, elle n'y va pas.
   Is she going to school? – No, she is not going(there,to it)
3. Allons chez nous.—Oui ,allons-y.
   Let us go home. – Yes, let us go(there,to our home)
4. Pensez-vous à votre leçon (vos leçons)?—Oui, j'y pense.
   Do you think about your lesson(your lessons)?-yes, I think about it (about them)

Note: *'Y' is a conjunctive pronoun which refers to a thing, place or idea previously mentioned or implied. It replaces a noun or idea preceded by such pepositions as* **à , dans, sur, chez**, *etc.*

Pronom 'en': The pronoun 'en':

Exemples : ***(Examples)***

1. Parlez-moi de ce livre.—Qu'est-ce que vous en pensez?
   Tell me about the book.—What do you think of it?

2. Est-ce que vous venez de l'école?—Oui j'en viens.
   Are you coming from school? – Yes, I am (coming from there)

3. Est-ce que Pierre est arrivé? –Oui, j'en suis sûr.
   Has Peter arrived?—Yes I'm sure of it.

Note: *EN is a conjunctive pronoun which refers to a thing, place or idea previously mentioned or implied. Besides its use after words of quantity, numerals etc,it may also replace a noun or idea preceded by de (*of ,from,for,etc.)

Indicatif Présent De Prendre Et Mettre:

The Present Indicative tense of Prendre (to take) and Mettre (to put, put on)

Prendre:

Je prends	I take,I am taking, I do take
Tu prends	You take, you are taking, you do take
Il prend	He/it takes, he/it is taking, he/it does take
Elle prend	She/it takes, she/it is taking, she/it does take
Nous prenons	We take, we are taking, we do take
Vous prenez	You take, you are taking, you do take
Ils prennent	They(m) take, they are taking, they do take
Elles prennent	They(f) take, they are taking, they do take
Passé composé:	J'ai pris-I took, I have taken, etc.
Futur:	Je prendrerai etc- I shall take etc.

Mettre:

Je mets	I put, I am putting, I do put
Tu mets	You put, you are putting, you do put

Il met	He/it puts , he/it is putting, he/it does put
Elle met	She/it puts, she/it is putting, she/it does put
Nous mettons	We put, w are putting, we do put
Vous metez	You put, you are putting, you do put
Ils mettent	They(f) put, they are putting, they do put
Elles mettent	They(f) put, they are putting, they do put

Note: *Like* **prendre** , *other verbs may be conjugated like* **'apprendre'**-*to learn; and* **'comprendre'**- *to understand.*

Like **mettre**, **'omettre'**-*to omit,* **'promettre'**- *to promise, and* **'remettre'** *to put back/give back , may be conjugated.*

<u>Chantez Le Chanson Français: (Sing A French Song):</u>

Gentille Alouette

(Gentle Lark)

This is a song about a bird, the Lark ,one of many small singing birds,such as the European SKYLARK,itself famous for its sweet singing tunes in Spring and Autumn, but in this case one that is an irritant to the peace and tranquility.

Alouette, gentille alouette
Alouette, je te plumerai (bis)

Je te plumerai la tête (bis), Je te plumerai le bec (bis)—et le bec, et la tête, alouette, alouette. Ah! Alouette, gentille alouette, alouette, je te plumerai.

Je te plumerai la tête(bis),je te plumerai le bec(bis),je te plumerai les yeux(bis)—et les yeux,et le bec, et la tête, alouette, alouette. Ah! alouette, gentille alouette, je te plumerai.

Je te plumerai la tête (bis), je te plumerai le bec(bis),je te plumerai les yeux(bis), je te plumerai le cou(bis)—et le cou, et les yeux, et le bec, et la tête, alouette, alouette. Ah! alouette, gentille alouette, alouette, je te plumerai.

Je te plumerai la tête (bis), je te plumerai le bec(bis), je te plumerai les yeux (bis), je te plumerai le cou (bis), je te plumerai le dos (bis)— et le dos, et le cou, et les yeux, et le bec, et la tête, alouette, alouette. Ah! alouette, gentille alouette, alouette, je te plumerai.

Vocabulaire:

Plumer:	To pluck,to fleece.
Je plumerai:	I shall pluck (future tense)
La tête	The head
Le bec	The beak
Les yeux	The eyes
Le cou	The neck
Le dos	The back.
Bis	Again! Encore! (twice)

****

Qu'est-ce qu'il y a dans l'image?
What is there in the picture?

Il y a un jardin ;je vois un arbre devant un mur et des plantes.

There is a garden; I see a tree in front of a wall and some plants.

Sur l'arbre, il y a une cible.
On the tree there is a target.

Un garçon tient un fusil à sa main droite
A boy is holding a gun in his right hand

Il vise à la cible.
He is aiming at the target.

Note:

Un fusil	A gun
La cible	The target
Viser	To aim

Adjectifs Et Pronoms Possessifs. Adjectifs Et Pronoms Démonstratifs. Le Verbe 'S'asseoir.'

Adjectives and pronouns of possession; Demonstrative adjectives and pronouns;the verb *'s'assessoir'*-to sit (oneself) down.

The following passage is about a famous poet called 'La Fontaine' who is a favourite writer among children. Read and translate with the help of the vocabulary index at the end of the lesson:

Tous les enfants aiment Là Fontaine.C'est leur poête favori.Cet écrivain du dix-septième siéle nous charme encore aujourd'hui par son esperit, sa grâce et son art incomparable.

Plusieurs écrivains ont écrit des fables, mais celle de La Fontaine sont uniques en leur genre.Ce sont des vrais chefs-d'œuvre.Si vous voulez goûter tout le charme de ces belles fables,asseyez-vous un beau jour à l'ombre d'un arbre, et lisez vos fables favorites.

Vocabulaire: **(Vocabulary)**

S'asseoir	: to sit down
Charmer	: to charm, delight
Goûter	: to taste, enjoy
Écrire	: to write
Lire	: to read
Un écrivain	: writer
Un art	: art
Le siècle	: century
Le charme	: charm
Le chef-d'œuvre	: masterpiece

La fable	: fable
Plusieurs	: several,many,some
Le genre	: kind
La grâce	: grace, gracefulness
Une ombre	: shade, shadow
Favori(te)	: favourite
Incomparable	: incomparable,unequalled
Unique	: unique
Vrai(e)	: true
La Fontaine	: Name of the famous poet
En leur genre	: of their kind
A l'ombre	: in the shade

***<u>Grammaire</u>:* Grammar**

Adjectifs et pronoms possessifs: (Adjectives & possessive pronouns)

1. **Il faut gagner sa vie** One must make one's living
   On perde son temps We lose our time

Note: **Son, sa ,ses** *is the possessive form corresponding to* **'on'** *and the impersonal* **'il'**.

2. **Notre vie à nous** Our own life
   Un ami à moi A friend of mine

Note: Observe how the possession is emphasized by the use of **à** *with a disjunctive pronoun.*

<u>Conjugaison De S'asseoir</u> - To Sit Down

Conjugation of the verb 's'asseoir'-to sit down

<u>Indicatif Présent</u>

I Sit Down, You Sit Down Etc.

There are **two forms** of conjugation of this reflexive verb:

Form One :	**Form Two:**
Je m'assieds	*Je m'assois*
Tu t'assieds	*Tu t'assois*
Il s'assied	*Il s'assoit*
Elle s'assied	*Elle s'assoit*
Nous nous asseyons	*Nous nous assoyons*
Vous vous asseyez	*Vous vous assoyez*
Ils s'asseyent	*Ils s'assoient*
Elles s'asseyent	*Elles s'assoient*

Impératif:

Sit Down, etc.

Assois-toi	Sit down	Assieds-toi
Assoyons-nous	Let us sit down	Asseyons-nous
Assoyez-vous	Sit down	Asseyez-vous

Imparfait

I was sitting down, etc

Je m'assoyais etc. Je m'asseyais,etc

Futur

I shall sit down, etc

1. Je m'assoirai, etc.
2. Je m'assierai, etc.
3. Je m'asseyerai, etc.

Participe Passé:	Asis(e)	= seated
Passé Composé:	Je me suis assis(e)etc.	= I sat, I have sat down, etc.
Passé Simple:	Je m'assis ,etc	= I sat down, etc.

Note: *Observe that this verb has **two distinct forms** in most cases, and **even three** in the future tense. Either form is commonly used and is of equal importance.*

However one needs to distinguish carefully between ***être assis*** (to be seated) and ***'s'asseoir'***- to sit down. Look at the examples below:

1. ***Il est debout et elle est assise*** — He is standing and she is seated.
2. ***Je suis assis(e)sous un arbre*** — I am seated under a tree.
3. ***Je me suis assis(e) à l'ombre*** — I sat in the shade.

***Adjectifs Irréguliers*: Irregular Adjectives**

	Masculin		*Feminin*
1.	***Généreux***	Generous	*Généreuse*
	Heureux	Happy	*Heureuse*
	Paresseux	Lazy	*Paresseuse*
	Jaloux	Jealous	*Jalouse*
BUT:	***Doux***	Sweet	*Douce*

Note: *Adjectives ending in* **'x'** *as in the above examples, in the masculine form change to* **'s'** *in the feminine form.*

2.	***Actif***	Active	*Active*
	Vif	Lively	*Vive*
	Neuf	New, newly made	*Neuve*
	Veuf	Widower	*Veuve*

Note: *In the examples above, adjectives ending in* **'f'** *in the masculine change to* **'v'** *in the feminine form.*

3.	***Cruel***	Cruel	*Cruelle*
	Pareil	like, alike	*Pareille*
	Ancien	Old, Ancient	*Ancienne*
	Bon	Good	*Bonne*
	Sot	Foolish	*Sotte*
	Gros	Big	*Grosse*

Note: *Adjectives ending in* **'-el', '-eil', '-ien', '-on', '-ot'**, *and very many in* **'-s'**, *double the final consonant in the feminine form as can be seen from the above examples.*

4.	***Léger***	Light	*Légère*
	Premier	First	*Première*
	Dernier	Last	*Dernière*
	Cher	Dear	Chère
	Flatteur	Flattering	*Flatteuse*
	Menteur	Deceitful	*Menteuse*
BUT	***Meilleur***	Better	*Meilleure*

Note: *Adjectives in the above examples ending in* **'-er'** *change to* **'-ere'**, *and verbal adjectives* **'-eur'** *change to* **'-euse'** *in the feminine form.*

5.	***Blanc***	White	*Blanche*
	Faux	False,wrong	*Fausse*
	Frais	Fresh,cool	*Fraiche*
	Sec	Dry	*Sèche*
	Gentil	Nice	*Gentille*
	Long	Long	*Longue*
	Public	Public	*Publique*

Note: *Observe the irregular* ***feminine form*** *of the above adjectives.*

6. ***Beau,bel***	Beautiful	*Belle*
Nouveau, Nouvel	New	*Nouvelle*
Vieux, vieil	Old	*Vieille*

Note: *Remember that besides forming the feminine form irregularly,the adjectives in the above examples have special forms before masculine singular nouns beginning with a vowel or an* **'h'** *mute.*

***<u>Conjugaison Du Verbe 'Suivre'</u>*- To Follow:**

Conjugation of the verb 'suivre' –to follow

Indicatif Présent

I follow, you follow, etc	We follow, You follow, etc.
Je suis	Nous suivons
Tu suis	Vous suivez
Il suit	Ils suivent
Elle suit	Elles suivent

Passé Composé *:J'ai suivi etc.* - I followed, I have followed etc.

Passé Simple *:Je suivis etc.* - I followed, etc.

Le futur *:Je suivrai, etc.* - I shall follow, etc.

Note: Poursuivre: *: To pursue,carry on, is conjugated like* ***suivre.***

<u>Devoirs:</u> **(Practice)**

A. ***Remplacez les tirets par la forme correct de l'adjectif et traduisez:***

Replace the dashes with the correct form of adjective and translate (into English):

Exemple **(Example):**

(ancien) Paris est une ville très ***<u>ancienne</u>***. (Paris is a very ancient city)

1. ***(vieux) Il y a beaucoup de................. maisons.***
2. **(neuf) Il y a aussi des maisons.................**
3. (nouveau) On fait toujours de .... découvertes.
4. (travailleur)Madame Curie est................. .
5. (beau) La physique est une................. science.
6. (faux) Ce n'est pas une................. science.
7. (pareil) Toutes les femmes ne sont pas................. .
8. (sot) Elles sont quelquefois ....
9. (doux) Elles sont aussi ....
10. (actif) Ils sont aussi ....

B. ***Completez les phrases suivantes avec le temps convenable du verbe 'suivre'.***

Complete the following sentences with the correct tense of the verb 'suivre'-to follow

1. Madame Curie................. des cours à la Sorbonne.
2. Je................. des cours au lycée.
3. L'année dernière j'................. un cours de physique.
4. L'année prochaine je................. un cours d'histoire.
5. Quand j'étais en France je................. des cours de français.

Conjugaison Du Verbe 'Rire':

Conjugation of the verb 'rire'- to laugh.

Indicatif Présent

Je ris	I laugh,I am laughing, I do laugh
Tu ris	You laugh,you are laughing,you do laugh
Il rit	He/it laughs, he/it is laughing, he/it does laugh
Elle rit	She/it laughs, she/it is laughing, she/it does laugh

Nous rions	We laugh, we are laughing, we do laugh
Vous riez	You laugh, you are laughing, you do laugh
Ils rient	They(m) laugh, they are laughing, they do laugh
Elles rient	They(f) laugh, they are laughing, they do laugh

Passé composé	***:J'ai ri, etc***	I laughed,I have laughed, etc.
Passé simple	***:Je ris, etc***	I laughed, etc.
Futur	***:Je rirai, etc***	I shall laugh, etc.

Note: The verb **'sourire'**, *to smile , is conjugated like* **'rire'**.

Devoirs: **(Practice)**

***Traduisez de français à l'anglais*: Translate from French to English:**

1. Ils rient trop.
2. Ne riez pas.
3. Pourquoi riez-vous?
4. Il ne rit jamais.
5. Rions de bon cœur.

Leçon - 15

PASSÉ SIMPLE DES VERBES AUXILIAIRES

(The Simple Past Tense of Auxiliary Verbs)

Être			***Avoir***
I was, etc.	***We were etc.***	***I had, etc.***	***We had, etc.***
Je fus	Nous fûmes	J'eus	Nous eûmes
Tu fus	Vous fûtes	Tu eus	Vous eûtes
Il fut	Ils furent	Il eut	Ils eurent
Elle fut	Elles furent	Elle eut	Elles eurent

Passé simple de quelque verbes irréguliers
(The simple past tense of some irregular verbs)

Faire	***Voir***	***Dire***	***Mettre***
I made, etc.	***I saw, etc.***	***I said , etc.***	***I put etc.***
Je fis	Je vis	Je dis	Je mis
Tu fis	Tu vis	Tu dis	Tu mis
Il fit	Il vit	Il dit	Il mit
Elle fit	Elle vit	Elle dit	Elle mit
Nous funes	Nous vimes	Nous dimes	Nous mimes
Vous fites	Vous vites	Vous dites	Vous mites
Ils firent	Ils virent	Ils dirent	Ils mirent
Elles firent	Elles virent	Elles dirent	Elles mirent

Prendre	***Écrire***	***Venir***	***Tenir***
I took, etc.	***I wrote, etc.***	***I came, etc.***	***I held, etc.***
Je pris	J' écrivis	Je vins	Je tins
Tu pris	Tu écrivis	Tu vins	Tu tins
Il prit	Il écrivit	Il vint	Il tint
Elle prit	Elle écrivit	Elle vint	Elle tint
Nous primes	Nous écrivimes	Nous vinmes	Nous tinmes
Vous prites	Vous écrivites	Vous vintes	Vous tintes
Ils prirent	Ils écrivirent	Ils vinrent	Ils tinrent
Elles prirent	Elles écrivirent	Elles vinrent	Elles tinrent

Other verbs : **Promettre** is conjugated like **mettre;**

Compredre (to understand); **apprendre** (to learn) is conjugated like **prendre**.

Revenir (to come back); **devenir** (to become) is conjugated like **venir**

Retenir (to retain, reserve); **obtenir** (to obtain, get) is conjugated like **tenir.**

Note :

(*a*) The ***passé composé*** is the ordinary past tense in French; it denotes not only what has happened with reference to the present(English perfect tense), but also what happened (English past tense) or a succession of such past events as to mark the progress of a narrative, answering the question..'what happened next'?

(*b*) The ***imparfait*** indicates the situation, the descriptive elements,the state of affairs at the time in the past. It denotes what continued or used to take place in the past, or what is happening when something else took place.

(*c*) **The passé simple** is a litrary narrative tense denoting either completed past action or successive events thereby corresponding to the conventionally used passé composé.

Passé Simple Des Verbes Irréguliers:

The past simple tense of irregular verbs:

***Savoir* (To know)**

Je sus	I knew
Tu sus	You knew
Il sut	He/it knew
Elle sut	She/it knew
Nous sûmes	We knew
Vous sûtes	You knew
Ils surent	They(m)knew
Elles surent	They (f) knew

***Devoir* (To be necessary, obliged)**

Je dus	I had to
Tu dus	You had to
Il dut	He/it had to
Elle dit	She/it had to
Nous dûmes	We had to
Vous dûtes	You had to
Ils durent	They(m) had to
Elles durent	They(f) had to

***Pouvoir* (To be able to)**

Je pus	I could
Tu pus	You could

Il put	He/it could
Elle put	She/it could
Nous pûmes	We could
Vous pûtes	You could
Ils purent	They(m) could
Elles purent	They (f) could

Vouloir **(To wish, want)**

Je voulus	I wanted
Tu voulus	You wanted
Il voulut	He/it wanted
Elle voulut	She/it wanted
Nous voulûmes	We wanted
Vous voulûtes	You wanted
Ils voulurent	They(m) wanted
Elles voulurent	They(f) wanted

Verbs that may be conjugated in a similar manner are:

Apercevoir	:	*To notice*	e.g:	J'aperçus, etc: I noticed, etc.
Boire	:	*To drink*		Je bus, etc. I drank, etc.
Connaitre	:	*To know*		Je connus,etc. I knew, etc.
Courir	:	*To run*		Je courus,etc. I ran, etc.
Croire	:	*To believe*		Je crus, etc. I believed, etc.
Falloir	:	*To be necessary*		Il fallut,etc. It was necessary, etc.
Lire	:	*To read*		Je lus, etc. I read, etc.

Emploi De L'article Avec Les Noms Propres De Lieux:

(Employing the article with proper nouns)

Names of countries, continents, and provinces regularly take on the definite article as can be seen from the examples below:

1. **La France** est un beau pays — *France is a beautiful country.*

   Londres est **la capitale** de l' Angleterre — *London is the capital of England.*

   L'Europe est un continent — *Europe is a continent.*

   La Normandie est une province — *Normandy is a province.*

2. Names of rivers and mountains also take on the definite article as the following examples show:

   La Marne se jette dans la Seine. — *The river Marne flows into the Seine.*

   Les Alps et les Pyrénées sont des montagnes. — *The Alps and the Pyrenees are mountains*

3. Omission de l'article défini:

   Il demure en Amerique. — *He lives in America.*

   Il ira en France. — *He will go to France.*

   J'arrive d'Allemagne. — *I arrive from Germany.*

   Le roi d'Angleterre. — *The king of England.*

   L'histoire de France. — *The history of France (French history)*

Mais (But)

Je reviens du Japon. — *I return from Japan.*

L'histoire du Portugal. — *The history of Portugal.*

Note: Before feminine names of countries, the definite article is omitted as in :

(a) *after* **en**, *in, to, into;*

(*b*) after ***de***, from;

(*c*) after ***de***, in an adjective phrase, such as : ***l'histoire de France***, French history.

Before masculine names of countries, the definite article is not omitted and:

(*a*) ***à***, in, to,into is used instead of ***en***. (also before plural feminine nouns like for e.g- ***il est mort aux Indes***: he died in the Indies).

Observe the following list of **names of countries** ending in ***'e'*** are usually feminine and those not ending in ***'e'*** are masculine. However, ***Le Mexique*** (Mexico) is the only exception.

Féminin	***Masculin***
L'Angleterre-England	Le Brésil- Brazil
L'Allemagne-Germany	Le Canada-Canada
La Chine -China	Le Japon-Japan
L'Espagne -Spain	Le Maroc-Morocco
L'Italie -Italy	Le Mexique-Mexico
La Russie -Russia	Le Portugal-Portugal

Before names of towns and cities ***à***, to, at ,in ,is used without the article: See the examples below:

Je demeure à Paris	*I live in Paris*
Nous irons à Rome	*We shall go to Rome.*

Observe in the examples below that any place-name, when qualified,requires the definite article and that ***'dans'*** is used instead of ***'en'***.

Dans le vieux Paris	*In old Paris*
Dans toute la France	*In all of France (All over France)*
Dans l'Amérique du Nord	*In North America*

However it may be <u>noted</u> that in a few isolated cases the definite article forms a part of the name of the city such as... ***'le Harve'*** (Harve), '***la Nouvelle Orléans***,' (New Orleans)etc.

<u>Omission De L'article Indéfini:</u>

(Omission of the indefinite article)

Observe the examples below :

(*a*) Mon professeur est Français	*My teacher is a Frenchman.*
(*b*) Mon cousin est soldat.	*My cousin is a soldier.*
(*c*) Mon père est ingénieur.	*My father is an engineer.*
(*d*) Mon oncle est avocat.	*My uncle is a lawyer.*

Mais (BUT)

C'est un médecin célèbre	*He is a famous physician.*

Note: *The indefinite article is omitted after* **'être'** *before an unqualified noun which denotes nationality, profession or occupation.*

***<u>Indicatif Présent De Mourir-</u>*<u>(to Die)</u>:**

Je meurs	I die, I am dying, I do die
Tu meurs	You die, you are dying, you do die
Il meurt	He/it dies, he/it is dying, he/it does die
Elle meurt	She/it dies, she/it is dying, she/it does die

Nous mourons	We die, we are dying, we do die
Vous mourez	You die, you are dying, you do die
Ils meurent	They(m) die, they are dying, they do die
Elles meurent	They(f) die, they are dying, they do die
Passé composé:	Je suis mort, etc: I died, I have died etc.
Le futur:	Je mourrai,etc. I shall die, etc.
Passé simple:	Je mourus, etc. I died, etc.

***Indicatif Présent De Vivre*-(to Live)**

Je vis	I live, I am living, I do live
Tu vis	You live, you are living, you do live
Il vit	He/it lives, he/it is living, he/it does live
Elle vit	She/it lives, she/it is living, she/it does live
Nous vivons	We live, we are living, we do live
Vous vivez	You live, you are living, you do live
Ils vivent	They(m) live, they are living, they do live
Elles vivent	They(f) live, they are living, they do live.
Passé composé:	J'ai vécu, etc. *I lived, I have lived, etc.*
Le futur:	Je vivrai, etc. *I shall live, etc.*
Passé simple:	Je vécus, etc. *I lived, etc.*

Devoirs: (Exercises)

Remplacez le tiret par ***à***, ***en***, ou ***de*** avec ou sans article, selon le sens:
(Fill the blank with ***à, en*** or ***de***,with or without the article, according to its sense)

1. Je ne suis jamais allé................. Chicago.

2. Cette ville est .... Amérique.
3. Mon père est né .... Europe.
4. Je suis né .... États-Unis.
5. Mon frère a voyagé ....Canada.
6. Il a passé un an .... Québec.
7. Nous irons .... New York.
8. Je n'ai jamais été .... Espagne.
9. Je voudrais aller .... Italie.
10. Beaucoup d'Américans vont .... Paris.
11. Nos voisins ont été.................. Mexique.
12. Voudriez-vous aller .... Japon?
13. J'arrive .... Canada.
14. Avez-vous vu le roi .... Angleterre?
15. Nous avons étudié l'histoire .... France.